大展好書　好書大展
品嘗好書　冠群可期

大展好書　好書大展
品嘗好書　冠群可期

武學名家典籍校注 3

陳微明

太極拳術

陳微明 著 二水居士 校注

大展出版社有限公司

出版人語

武術作為中華民族文化的重要載體，集合了傳統文化中哲學、天文、地理、兵法、中醫、經絡、心理等學科精髓，它對人與自然和諧共生關係的獨到闡釋，它的技擊方法和養生理念，在中華浩如煙海的文化典籍中獨放異彩。

隨著學術界對中華武學的日益重視，北京科學技術出版社應國內外研究者對武學典籍的迫切需求，於二〇一五年決策組建了「人文・武術圖書事業部」，而該部成立伊始的主要任務之一，就是編纂出版「武學名家典籍」系列叢書。

入選本套叢書的作者，基本界定為民國以降的武術技擊家、武術理論家及武術活動家，而之所以會有這個界定，是因為民國時期的武術，在中國武術的發展史上占據著重要的位置。在這個時期，中、西文化日漸交流與融合，傳統武術從形式到內容，從理論到實踐，都發生了巨大的變化，這種變化，深刻干預了近現代中國武術的走向。

這一時期，在各自領域「獨成一家」的許多武術人，之所以被稱為「名人」，是因為他們的武學思想及實踐，對當時及現世武術的影響深遠，甚至成為近一百年來武學研究者辨識方向的座標。這些人的「名」，名在有武術的真才實學，名在對後世武術傳承永不磨滅的貢獻。他們的各種武學著作堪稱為「名著」，是中華傳統武學文化極其珍貴的經典史料，具有很高的文物價值、史料價值和學術價值。

首批推出的「武學名家典籍」校注第一輯，將以當世最有影響力的太極拳為主要內容，收入了著名楊式太極拳家楊澄甫先生的《太極拳使用法》、《太極拳體用全書》；武學教育家陳微明先生的《太極拳術》《太極劍》《太極答問》；一代武學大家孫祿堂先生的《形意拳學》《八卦拳學》《太極拳學》

《八卦劍學》《拳意述真》。民國時期的太極拳著作，在整個太極拳發展史上占有舉足輕重的地位。當時太極拳著作，正處在從傳統的手抄本形式向現代著作出版形式完成過渡的時期；同時也是傳統太極拳向現代太極拳過渡的關鍵時期。這一歷史時期的太極拳著作，不僅忠實地記載了太極拳架的衍變和最終定型，而且還構建了較為完備的太極拳技術和理論體系，而孫祿堂先生的武學著作及體現的武學理念，特別是他首先提出的「拳與道合」思想，更是使中國武學產生了質的昇華。

這些名著及其作者，在當時那個年代已具有廣泛的影響力，而時隔近百年之後，它們對於現階段的拳學研究依然具有指導作用，依然被太極拳研究者、愛好者奉為宗師，奉為經典。對其多方位、多層面地系統研究，是我們今天深入認識傳統武學價值，更好地繼承、發展、弘揚民族文化的一項重要內容。

本叢書由國內外著名專家或原書作者的後人以規範的要求對原文進行點校、注釋和導讀，梳理過程中尊重大師原作，力求經得起廣大讀者的推敲和時間的考驗，再現經典。

「武學名家典籍」校注，將是一個展現名家、研究名家的平台，我們希望，隨著本叢書第一輯、第二輯、第三輯……的陸續出版，中國近現代武術的整體風貌，會逐漸展現在每一位讀者的面前；我們更希望，每一位讀者，把您心儀的武術家推薦給我們，把您知道的武學典籍介紹給我們，把您研讀詮釋這些武術家及其武學典籍的心得體會告訴我們。我們相信，「武學名家典籍」校注這個平台，在廣大武學愛好者、研究者和我們這些出版人的共同努力下，會越辦越好。

導讀

陳微明（一八八一—一九五八年），原名曾德，字慎先。讀《離騷》，慕屈原（名正則，字靈均）之為人，易名曾則，改字天均。湖北浠水人，出生在北京一個累世為儒的家庭。

他的曾祖父陳沆（一七八五—一八二六年），原名學濂，字太初，號秋舫，嘉慶二十四年己卯恩科（一八一九年）狀元，授翰林院修撰，出任四川道監察御史，還擔任過廣東省大主考，禮部會試考官等。秋舫先生「以詩文雄海內」，與魏源、龔自珍、包世臣等友善，交往甚密。

祖父陳廷經（一八〇四—一八七七年），字執夫，號小舫。從小隨父在京城時，師從魏源（一七九四—一八五七年）課讀，通經世大略，道光二十四年

（一八四四年）甲辰科進士。早年淡於仕進，樂江南山水，徜徉木瀆之間，五十始入都，供職擢御史，官至內閣侍讀學士，為人耿直，抨彈不避權貴，所劾去者有四督、五撫、六藩司。曾上書具陳邊疆各省制外夷之法，彈劾太監安德海奸佞驕橫。屢疏薦曾國藩、胡林翼、左宗棠諸人，才可大受。上書設立同文館、建江南造船廠等。晚年日課金剛經，精易數，感異夢，悟前身事，遂自號夢迦葉居士。

父親陳恩浦（一八五八—一九二二年），字子青，以國學生捐得中書科中書之職。母親周保珊（一八五四—一九二四年），字佩雲，係前漕運總督周恒祺家的千金。

微明先生，兩歲時隨家人回武昌生活。二十一歲時，與仲兄陳曾壽、三弟陳曾矩同舉湖北鄉試孝廉。二十四歲，髮妻范氏難產離世，同年，科舉廢止。一九一一年，辛亥革命爆發，舉家從武昌遷移上海，後又蟄居杭州，漂泊於北京、杭州、上海之間，顛沛流離，國變家難，歷經生活的種種磨礪，他的人生軌跡也由此發生了巨大的改變。

彷彿一夜之間，徵明先生發現二十來年的奮發激勵，慷慨有為，統統被時代的洪流蕩滌殆盡，他的心思一下子變得虛空寧寂，他不想再向前去往哪裡，也不知道哪裡才是他應該去的地方；他覺得自己已經在這人世間來來往往走了好幾遍，卻並不知道哪裡才是自己最後的歸宿。

莊子的「寥已吾志，無往焉而不知其所至，去而來而不知其所止，吾已往來焉而不知其所終」句，「不知其所至」「不知其所止」「不知其所終」，三個不知，三個疑問，徹底地讓他反思自己以往的人生之路，也由此深深觸動了徵明先生的靈魂，從此他以「寥志」為號，內心也開始由儒學而逐漸轉入了老莊之道。

他曾在杭州求是書院，擔任過輿地學教授，在北京京師五城學堂教過《左傳》，去優級師範學校教過國文諸子學。他還擔任過清史館編修，在嚴復家做過家教，也在胡雪巖的侄兒胡藻青家做過家教。

後來遇到完縣孫祿堂先生，學得形意拳、八卦掌，遇到永年楊澄甫先生，學得太極拳。從此，太極拳開始真正改變他的一生。

後來，他取《老子》「將欲歙之，必故張之，將欲弱之，必故強之」句，以「微明」自號，鬻拳江湖，取《老子》「專氣致柔」之意，於一九二五年在滬上創立「致柔拳社」。從此，微明先生以文入武，以武入道，乃至最終走上性命之學的踐行之路。

致柔拳社創立以來，社員從十幾人、數十人，發展到數百人、數千人；拳社位址，也隨著拳社規模的擴充，從原先的福煦路民厚里六百零八號，遷入李誦清堂路二百二十五號，再遷址至七浦路二百八十八號，乃至最後長期租借西藏路四百八十號寧波旅滬同鄉會，各類專項培訓班、分社也應運而生。

譬如山西路二二五號及西武昌路十四號，開設的女子體育師範班、蘇州大郎橋巷二十六號陸宅開設的致柔拳社蘇州分社、愚園路十六號的女子國術社、莫干山菜根香飯店後所設立的致柔拳社莫干山分社、致柔拳社廣州分社等等，前後師從他學拳的人不下萬人。

滬上工商界、文藝界精英、黨國政要，乃至市井商賈、負販狗屠，彙聚在他的拳社，「自貴人達官、文儒武士、工商百業、僧道九流、輿台廝卒、中外國之士女從之遊者，無慮數千人」，「陳微明」三字，幾乎成了滬上、乃至大江南北喜好太極拳者所心儀之名號，「致柔拳社」的招牌也成為他們所神往的聖殿。

吳志青《太極正宗》一書盛讚微明先生：「廣事授徒，大有孔門之盛況，並著《太極拳術》一書風行全國。蓋此時代，可謂太極拳之黃金時代也。」

孫祿堂先生在滬上，曾公開對武術界各派人士說，倘若不是陳微明創立致柔拳社，提倡武術，怎麼可能有而今這樣發達的局面呢，「吾人皆應感激微明之意也」。陳微明先生與他的致柔拳社，為民國年間開太極拳之盛，厥功至偉。

分別刊行於一九二五年、一九二八年、一九二九年的《太極拳術》《太極劍》《太極答問》三書，是微明先生總結拳學理論以及教學經驗而編著的教材。在微明先生看來，內家拳，術技也，而源於道，「明乎道者，其學易而功深，非魯莽躁急者，所能強為也」，尤其是此太極拳三冊專著，闡明「專氣致柔」之旨，動靜交修之法，書成風行，一版再版，洛陽紙貴，成為當時太極拳界經典的拳學著作。

《太極拳術》，由鄭孝胥題簽書名。版權頁署：著者陳微明，發行者致柔拳社，印刷者為中華書局。代售處為：大馬路華德鐘錶行、棋盤街啟新書店及各大書坊。版權頁不署版次，所以無從確知初版的年月以及再版的版數。

孫紹濂序言稱：「先生蓄道德，能文章，曾任清史館纂修，以楊先生口授之太極拳，筆述成書，多所闡發，稿贈楊先生以酬答之。楊先生藏之數年，不以付梓。余與秦君光昭、王君鼎元、岑君希天聞之，請先生慫恿出之，以傳於世。先生書往，楊先生欣然寄稿，並圖五十餘幅。」

由此看見，此書應該是微明先生在北京，向楊澄甫老師學拳時所編著，原本是為報答楊澄甫授拳之恩，而將書稿贈予楊澄甫老師的。後來一方面因為楊澄甫老師得此稿後，也沒有出版的計畫，另一方面，微明先生在滬上開設致柔拳社之後，學員也急需教材，孫紹濂與秦光昭、王鼎元、岑希天等早期的學員，就「請先生慫恿出之」。於是微明先生寫信給楊澄甫後，楊澄甫老師便將書稿寄了回來，並且還附上了楊澄甫老師五十餘幅中年拳照。由此可知「乙丑六月」（一九二五年六月），應該是微明先生收到楊澄甫老師書稿的時間。

一九二五年十月三日，《申報》刊陳志進先生撰稿的新書出版預告，云：「太極拳術，為卻病延年最無流弊之運動，自廣平楊露禪先生至京師傳授弟子，學者漸多。然中國武術傳授之際，師徒之分極嚴，心有不明，不敢問也。必須為師者高興之時，為弟子說其大意。楊少侯嘗言，往往年餘只能見其伯父班侯練習拳架一次，實難以揣摩。故楊氏所授之弟子，派衍流傳，其拳架又微有出入，蓋已不能得其正確之姿勢也。惟健侯幼子澄甫，因鍾愛，故極用心教授之。故欲學太極拳之正確姿勢，當以澄甫之拳架為準。以其開展中正，處處動腰，無微不到也。

陳微明君從學於澄甫先生，精研者七八載。而近世風氣與前大不相同。往時學拳者，多屬不字之輩。只知下苦功，不知用腦力。太極拳精微奧妙，非用腦力，不能得其深意。微明君以文人，注意於此，澄甫又加以青眼。問省既格外詳細，傳者自不能不悉心指導。微明遂將澄甫先生口授之太極拳術，筆之於書。又請澄甫親自攝影，其缺者，微明又補照之，又與余合攝推手之圖，共六十餘幅，加以說明，至詳且盡。又將王宗岳《太極拳論》，詳加注釋，微妙之理，發釁無餘。現付中華書局刷印，不日即可出版。余知此書之出，拳術界當放一大光明也，特不憚煩，介紹於世之好武術者。」

一九二五年十月十九日，《申報》接杭州中華書局來函，發佈「武當嫡派《太極拳術》出版」的書訊，稱：「此書乃廣平楊澄甫口授，鄂陳微明筆述，內有鋼版圖式六十餘幅，加以說明，至精至詳。後附王岳宗《太極拳論》，微明君注釋，微妙之理，發揮無餘。前有馮蒿庵、朱古徽、王病山、陳散原諸名人題詞，誠內家拳術最有價值之書也。實價八角。總發行處：西摩路北致柔拳社。分售處：北京路佛經流通處、棋盤街中華書局及各大書坊。」

由此可證，初版時間為一九二五年十月三日至十月十九日間，初版的書價為大洋八角。

此次校釋，就太極拳動作描述部分，只是糾正了動作與照片不符處，另外對於文字描述容易誤讀、誤解處，稍加注釋說明，其他一依原著。讀者倘若想進一步研討楊澄甫老師的拳勢變化，可以將此本與許禹生的《太極拳勢圖解》和楊澄甫的《太極拳使用法》兩書，相互參閱。

後附王岳宗《太極拳論》，微明先生的注釋，由於語境的變化，便於現今的閱讀習慣，二水適當添加了自己的一些拳學體悟。後輩如我等，無緣得窺微明先生丰姿，無緣秉受微明先生親炙，「貂不足，狗尾續」，在所難免焉。

微明先生以為，太極拳的拳技原理，契合老子《道德經》的精髓，所以，他將老子《道德經》中與太極拳拳技原理相吻合的經典論說，逐一摘錄，並以太極拳的講論予以微顯闡幽，名之為《太極合老說》。二水參合自身的拳學體悟，略作詮釋，讀者諒不以續貂為唐突也。

《太極劍》，由鄭孝胥題簽書名，李景林題寫「劍光凌雲」，吳江錢崇威、涇縣胡韞玉、求物治齋主人黃太玄作序。後附太極長拳及太極拳名人軼事。另有陳志進著「太極拳與各種運動之比較」「太極拳之品格功用」兩文。此書版權頁署：著者陳微明，發行者致柔拳社，印刷者中華書局。代售處為：中華書局及各大書坊。

此書出版後，微明先生弟子嚴履彬，曾遵師囑，對《太極劍》數勢，都有補正。一九五九年十月微明先生弟子梁溪榮如鶴先生，從嚴履彬贈貽同學張海東的抄本中，抄錄後，贈貽李祖定。李祖定係微明先生女婿，他與微明先生女兒陳邦琴夫婦兩人，曾從家師慰蒼先生學習太極拳，復將此補正稿，抄贈家師。此次校釋，將嚴履彬補正的數勢一一予以補入。另外糾正了胡樸安先生序言中所引顏習齋「折竹為劍舞」事。並將《考工記》《典論・自序》《顏習齋先生年譜》《顏習齋先生傳》等相關資料一一補入，以供談助。

微明先生曾得李景林武當對劍之法相授，他曾希望等待他「習之精熟，再述為書，以餉世人」，可惜哲人已逝，斯技亦已空谷幽蘭。此次校釋，二水以武當對手劍中「擊、崩、點、刺、抽、帶、提、格、劈、截、洗、壓、攪」十三勢，以釋解微明先生劍勢中相應的式勢，雖未能一酬其幽蘭之芬芳，亦合掌作拍，以期空谷之回響也。

《太極答問》，由微明先生自己題簽書名。版權頁署：著者陳微明，發行者致柔拳社，印刷者中華書局。代售處為：棋盤街啟新書店、大馬路華德鐘錶行、各大書坊。版權頁也無版次印數。李景林題寫「剖析毫芒」，褚民誼題寫「柔能克剛」，微明先生自序。

內容以問答形式，分作「太極拳源流之補遺及小說之辯正」「太極拳之姿式」「太極拳之推手」「太極拳之散手」「太極拳之勁」「太極拳之導引及靜坐法」「學太極拳者之體格及成就」「太極拳之效益」「太極拳之單式練法」

等幾大類，就初學者相關問題，逐一加以詳細解答。

尤其是「太極拳之推手」一節，微明先生首次簡要地為「聽勁」下了一個定義：「知覺對方用力之方向、長短，謂之聽勁」。從此「聽勁」一詞，成為太極拳推手訓練中，最為經典的理論。

後附「致柔拳社簡章」「致柔拳社出外教授簡章」「致柔拳社三年畢業課程」，實係研究致柔拳社重要的文獻資料。

一九二九年十月三十一日，《申報》刊發此書廣告：「致柔拳社社長陳微明君，近著《太極答問》一書，對於太極拳精妙之意，闡發無遺。其目錄分為源流、事實、姿勢、推手、散手、導引、靜坐、練太極拳者之體格、效益、單式練法、多種單式練法，專為遠方不能入社者而作，為全國人普及練習，無師而可以明瞭，實具絕對之熱心。聞此書業已付印，不久即可出版云。」

由此可證初版應該在一九二九年十一月間。而從此書六屆畢業生名錄可證，此本係一九三五年十一月刊行的第四版。

一九三五年十一月十四日《申報》載：「陳微明著《太極拳術》《太極答問》《太極劍》等書，出版以來，風行全國。現又四版出書。《太極拳術》增圖百數十幅，與電影無異，為學太極拳者最好之模範。《太極答問》，內分姿勢、推手、散手、論勁、靜坐等目，於太極拳之精微，闡發無遺，欲深造者，不可不看。並有單式練法，可以無師自習。《太極劍》附有名人軼事，最饒興趣。默新書局、千頃堂、中華照相館，及致柔拳社有寄售。」

此次校釋，補充了雍正曹秉仁纂修《寧波府志》、黃宗羲《南雷文定集》之王征南墓誌銘、黃百家《學箕初稿》中的《王征南先生傳》《三豐全書》拳技派、《太極功源流支派論》中的許宣平、夫子李、程靈洗、宋仲殊等資料，以及《俠義英雄傳》所載楊班侯事，以助談資。

涉及太極拳技、推手等答問，二水也參合自身的體悟，多有闡發。並將後附之「致柔拳社社員姓名錄」、「出外教授姓名錄」、第一屆至第六屆畢業生姓名、「蘇州分社社員姓名實錄」「廣州分社姓名錄」「廣州公安局」「廣州總司令部」等之名錄中，姓名稽考者，一一加以補注，對於研究致柔拳社歷史，實係不可或缺的資料。

微明先生自創立致柔拳社以來，教學相長，在傳授拳藝的同時，他也深受致柔拳社社員，諸如關絅之、江味農、謝泗亭、沈星叔、趙雲韶、釋常惺、陳元白、趙炎午、歐陽正明、持松等滬上佛學居士、高僧大德的耳聞目染，微明先生由此開始接觸佛學。

他先後與金山活佛妙善法師、白普仁喇嘛結緣，一九三七年逢能海上師來滬上設金剛道場，微明先生「受戒因緣到」，由此而皈依佛學。趙樸初先生也在微明先生的致柔拳社與佛學結緣，並且結識了微明先生的侄女陳邦織，兩人緣結並蒂，牽手走完一生。

微明先生於學，無所不窺，自小學經史諸子，百家之言，旁及內典道藏，天文輿地曆算，法帖圖畫之書，無不窮究。他喜好古文辭，出入周秦兩漢唐宋諸大家，輔加他醇厚的德性，超遠的襟懷，他的文辭，感人至深。

所著《清宮二年紀》《慈禧外紀》《歐洲戰紀初編》《歐洲戰紀二編》《文體講義》《訓詁講義》《音韻講義》等書，皆風靡一時。

定居滬上後，又相繼出版《海雲樓文集》《御詩樓續稿》《雙桐一桂軒續稿》，多收抒發哀慕之思、師友親情之作，其時國學大家，諸如番禺梁節庵、桐城馬通伯、義寧陳散原、嘉興沈寐叟等先生，對其至情至性之作，多加贊許。

早年的國變家難，讓微明先生由儒學而轉入老莊之道。晚年的生活閱歷，又讓微明先生由老莊而醉心佛學。

一九五八年九月二日（農曆七月十九），微明先生走完了他的性命踐行之路，在上海永嘉路寓所安詳示寂，滿屋檀香，經日不散。誠如楊氏太極拳老拳論三十二目之《口授張三豐老師之言》所云：「予知三教歸一之理，皆性命學也。皆以心為身之主也。保全心身，永有精氣神也。」

微明先生出入於三教，而究竟於太極。文修於內，武修於外，由文而入武，由武而入於道，文思安安，武備動動，允文允武，最終「盡性立命，窮神達化」，為後世學者探索了一條性命之學的踐行之路。

太極拳術

乙丑夏五　孝胥①

鄭

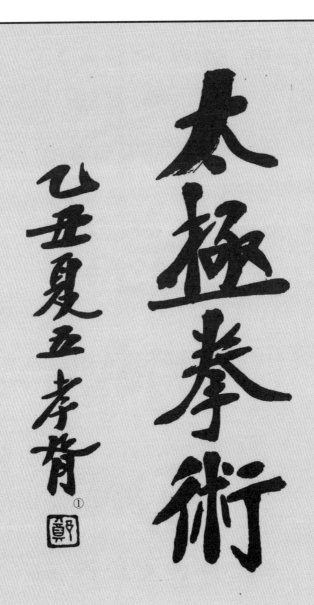

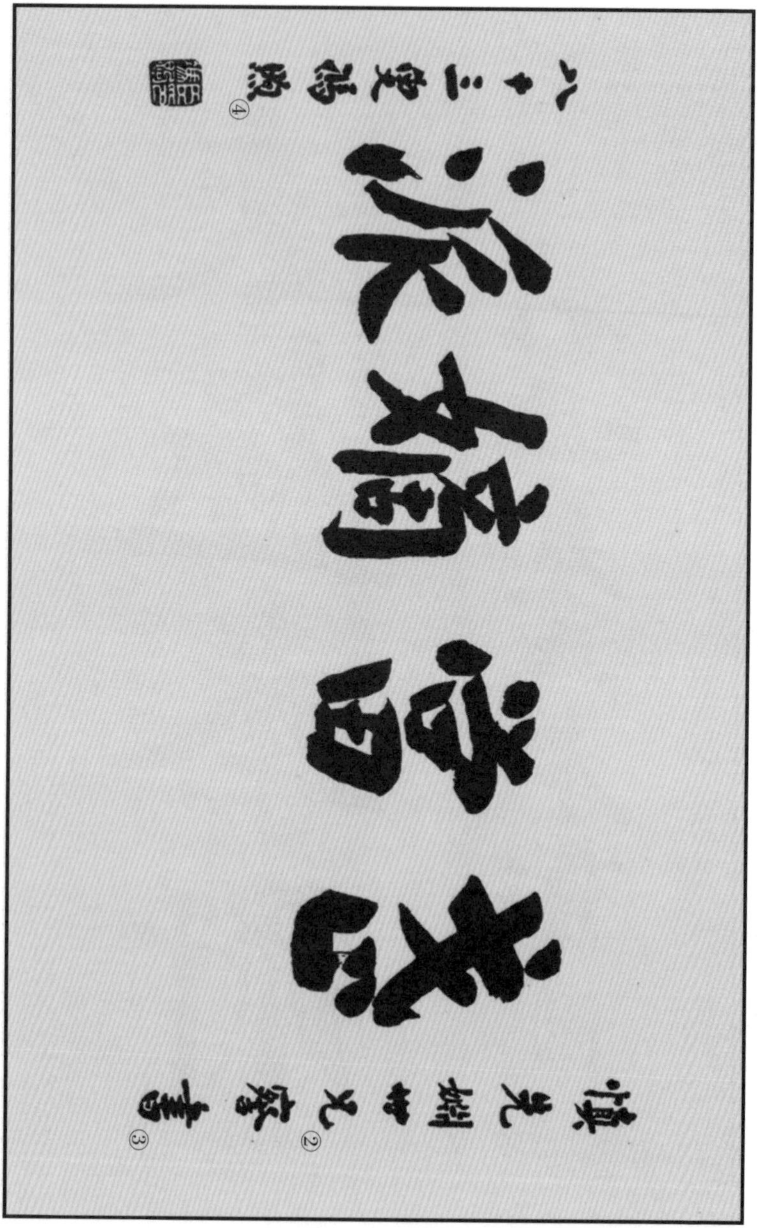

老子曰專氣致柔能嬰兒乎⑤莊子曰得其環中以應無

窮[6]解此可以讀是
編矣乙丑五月陳
三立[7]題記

大道以虛為本以因為用無成勢無常形故能究人之情不為物先故常為主有法無法因時為業有度無度因人与合故曰其道不朽時變是守[8]觀是書知太極拳術之體用与道合矣

潛道人[9]題

連環可解⑩

肯際未嘗⑪

朱孝臧題⑫

從其繮梁隨其曲傳[13]

因以曼衍和以天倪[14]

乙丑大暑胡嗣瑗[15]題

贈微明

世亂知契少[16]索居忽三秋[17]再見豈是夢劇[18]談時忘憂敘言[19]
難諧俗齒已[20]能遠萬書法思白筆文瀾震川[21]流負笈走燕趙[22]未
老鬢白頭人海百年身與君共事猶[23]
學書兼學劍日演龍虎勢手揮金剛拳心會太極意直體同射德[24]
通變達易義[25]揉[26]柔以制剛所投無不利末世多彊梁[27]捍國賴利器[28]扶
陽斯抑陰[29]願君竟其志
我老不足畏君胡不我棄朅來[30]共晨夕飄縷[31]覓患事絮語
遣晝長聯床禁夜睡[32]遠遊不忘親[33]援筆苦無地[34]時復
勞筋骨並惟調血氣[35]天涯夢魂中君家幾昆季[36]
漢皋挽征櫂長公與同遊[37]歇浦如傳縣㙊子來綢繆[38]君
復惠於頤期至不可留江海有遺子聚散如浮漚天道
果如此百年將焉求[39]年力君自富吾衰志誰酬[40]
乙丑立秋前一日復園[41]重錄於海上學海樓

【注釋（二三頁）】

①孝胥：鄭孝胥（一八六〇—一九三八年），字蘇堪，號海藏，閩侯（今福州）人。晚清政治家，早期曾參與了戊戌變法。立憲時期，參與創建上海商務印書館、上海儲蓄銀行，推動新式教育，並受岑春煊派遣，出任預備立憲公會會長。辛亥革命後，以遺老自居。在溥儀被趕出紫禁城後，他致力於溥儀的復辟，積極籌畫滿洲國的建國，出任滿洲國總理兼文教總長，暴卒於長春。其於法帖頗多造詣，書法工楷隸，尤善楷書，取徑歐陽詢及蘇軾，得力於北魏碑。詩壇「同光體」得力幹將，辭多蒼勁樸茂，汪辟疆著《光宣詩壇點將錄》，將其比作「天罡星玉麒麟盧俊義」，拔得第二把交椅，頗得溢美之詞。

【注釋（二四頁）】

②姻世兄：古人稱謂，有婚姻關係而結誼者，加「姻」字，如姻伯，姻兄。有與父祖輩世交而結誼者，加「世」字，如世伯，世兄。既有婚姻關係，又兼父祖輩交情的，加「姻世」二字，如姻世伯，姻世兄。姻世兄，蓋指對有姻親關係的小輩人的尊稱。

③簪書：簪，察也。察書，校正勘定所書寫的文字。把自己的書畫等送人時，表示請對方指教的敬謙語成語。

④馮煦（一八四二—一九二七年）：字夢華，號蒿庵，金壇五葉人。光緒八年（一八八二年）中舉人，光緒十二年（一八八六年）中丙戌科趙以炯榜進士第三名（探花），授翰林院編修，歷任四川按察使、布政使，安徽按察使、布政使、巡撫。與鹿傳霖、張之洞結仇，罷官後寓居上海，自號蒿隱公，以遺老自居，總纂《江南通志》，著有《蒿庵類稿》。其書法師宗鍾繇、虞世南、孫過庭。風格醇樸遒勁，神采煒然。

【注釋（二五、二六頁）】

⑤專氣致柔，能嬰兒乎：語出《道德經》第十章。結聚精氣，使身體柔順，就能像嬰兒一樣。專氣者，綿綿若存，用之不勤，服氣延命之道也。道家認為，凡物之有生機者必柔。嬰兒肌理柔軟，生機盎然，迨至老年，肌理日硬。處世之道亦然。舌以柔存，齒以堅折，君子處世，宜柔不宜剛。

⑥得其環中，以應無窮：典出《莊子・齊物論》：「物無非彼，物無非是……樞始得其環中，以應無窮。」道家從《老子》的「天地之間，其猶橐籥（ㄊㄨㄛˊ ㄩㄝˋ風箱之意）乎？虛而不屈，動而俞出。多言數窮，不如守中」，到《莊子》的「是亦彼也，彼亦是也……樞始得其環中，以應無窮」，側重的是「守中」。

⑦陳三立（一八五三—一九三七年）：字伯嚴，號散原，江西義寧人，詩人。晚清維新派名臣陳寶箴長子，國學大師陳寅恪之父。光緒十五年（一八八六年）進士，散館編修、吏部主事。曾與黃遵憲創辦湖南時務學堂，深受張之洞器重。參加文廷式等所組織的強學會。戊戌政變時，以「招引奸邪」之罪被革職不用，喪父後，更無心於仕途，於金陵青溪畔構屋十楹，號「散原精舍」。常與友人以詩、古文辭相遣，自謂「憑欄一片風雲氣，來做神州袖手人」。鄭孝胥扶助溥儀建立偽滿政權，三立痛罵鄭「背叛中華，自圖功利」。在再版《散原精舍詩》時，憤然刪去鄭序，與之斷交。三立為詩，初學韓愈，後師山谷，自成「生澀奧衍」一派，為同光體詩派領袖。梁啓超在《飲冰室詩話》中評曰：「其詩不用新異之語，而境界自與時流異，醇深俊微，吾謂於唐宋人集中，罕見其比。」汪辟疆在《光宣詩壇點將錄》中推其為「及時雨宋江」。

【注釋（二七頁）】

⑧大道以虛為本……時變是守：從《史記》卷一百三十之太史公自序第七十中，司馬遷的父親司馬談「論六家要旨」一節文字中化出。原文如下：「道家無為，又曰無不為，其實易行，其辭難知。其術以虛無為本，以因循為用。無成埶，無常形，故能究萬物之

情。不為物先，不為物後，故能為萬物主。有法無法，因時為業；有度無度，因物與合。故曰『聖人不朽，時變是守。虛者道之常也，因者君之綱』也。」埶，音ㄕ，古通「勢」。

二水按：道家「以虛無為本」，意在破除個體的價值評判標準，而還原到道體的本來面目。「以因循為用」，旨在拋卻個體的習慣性行為方式，而去順應道體的自然規律。個體一旦破除了先入為主的價值標準，一旦拋卻了習以為常的行為方式，世事萬物就沒有了一成不變的格局，沒有了一設不更的形態，因此就能探究萬物自然的情勢。對世事萬物情勢的把握，在空間上不至於搶先，在時間上也不至於落後，所以能得機得勢，掌控世事萬物，成為萬物的主宰。不拘泥於固有的理論或方法，而是因地制宜，來解決具體問題。不局限慣常的尺寸法度，而是根據事物陰陽消長的規律，因勢利導，才能適應世事萬物的變化。因此鬼谷子說：「聖人不朽，時變是守。」太極拳主張「物來順應」「應物自然」「物將掀起，而加以挫之之力」，都是一依「大道以虛為本」的宗旨。

⑨潛道人：王潛（一八六一——一九三三年）字聘三，又名乃徵，晚號潛道人，光緒進士，四川中江人。由翰林官御史，出守江西撫州，居官三年。不名一錢，以是歌頌載道，諸疆吏交章薦其賢，遂以道員存記。載澧攝政，以素器其人，立擢為湖南岳常澧道，再擢江西按察使，未之官，三擢順天府府尹，出為湖南布政使，其時，陳夔龍調北洋，繼調湖

北，抵任未一月，護湖廣總督。時未及一年，進階之速，清季一人而已。總督瑞澄抵任，與之政見不合，乃移任貴州布政。辛亥革命後，寓居海上，自稱「潛道人」，鬻醫自活。

【注釋（二八頁）】

⑩連環可解：《莊子・天下篇》記惠施曆物之意曰：「至大無外，謂之大一；至小無內，謂之小一……南方無窮而有窮，今日適越而昔來，連環可解也。」破解「連環可解」，成了解讀惠施思想最為重要的環節。歷來諸家都有不同的解讀。王夫之曾說：「今其書既亡，其言無本之可循，故多不可解。」藉此言贊微明先生此書，能破解常人無法窺探的奧秘。

⑪肯綮未嘗：語出《莊子・養生主》：「技經肯綮之未嘗，而況大軱乎」句。「技經肯綮」指的是牛軀體內小骨頭的結合處，以及骨頭、肌腱、神經末梢等與肌肉的關聯處。庖丁解牛，運刀時，以無厚入有間，刀刃游離在牛骨頭、肌腱、神經末梢等與肌肉的縫隙之間，連小骨頭的結合處，以及骨頭、肌腱、神經末梢等與肌肉的關聯處都不曾碰到，何況是牛身上大骨頭呢。藉此言贊微明先生此書，條分縷析，細緻入微，絲毫無爽。

⑫朱孝臧（一八五七——一九三一年）：又名祖謀，字古微，號彊村，浙江歸安（今湖

州）人。光緒九年（一八八三年）進士，曆官會典館總纂總校、侍講學士、禮部侍郎、兼署吏部侍郎。因病假歸寓公，寓居上海，以詞詩書畫自娛。以遺老終。始以能詩名，後專工詞藻，蟬究音律，近代詞壇奉為宗匠。王國維《人間詞話》則稱其「學夢窗而情味較夢窗為勝」。

【注釋（二九頁）】

⑬從其彊梁，隨其曲傳：語出《莊子·山木篇》：「來者勿禁，往者勿止，從其彊梁，隨其曲傳，因其自窮。」彊梁，也作強梁，或強良。此指強橫不順從者。從者，縱也，放任。北宮奢替衛靈公捐建鐘，很快就完工了，王子慶忌問他用什麼妙法，北宮奢說，我一切聽憑自然法則，保持一種淳眞無心的狀態，不辨別優劣，不分辨良莠，不刻意去迎來送往，願意來的，也不禁止他來，不願意去的，也不反對他。強橫不願意捐獻的，也由他去，說話無準無系的，也順著他，他想捐就捐，不想捐，也隨他便。一切都是根據捐助者自己的能力和性情。

⑭因以曼衍，和以天倪：語出《莊子·齊物論》：「化聲之相待，若其不相待，和之以天倪，因之以曼衍，所以窮年也。」曼衍，散漫流衍，不拒常規。天倪，指的是自然的

分際。王安石有詩：「關外尋君信馬蹄，謾成詩句任天倪。」聲音的變化，其實應和了陰陽消長的規律，只是不是刻意去迎合陰陽之數的變化，就像是天地之間，自然的分際一樣，看上去散漫流行，沒有規律可循，其實一切都已包涵在無窮無境的大道之中，無須去辯駁。

⑮胡嗣瑗（一八六九—一九四九年）：字晴初，亦字琴初，別號自玉。貴州貴陽人。光緒二十九年（一九〇三年）進士。精通史學，擅長詩詞、書法。歷任翰林院編修、天津北洋法政學堂總辦，曾充任直隸總督陳夔龍的幕僚。辛亥革命前後任江蘇金陵道尹、江蘇將軍府諮議廳長。民國初年因文名被馮國璋聘為督軍公署秘書長，繼而隨馮赴江蘇都督任。一九一七年參與張勳復辟，出任內閣左丞。後隨溥儀到東北任職終老。

【注釋（三〇頁）】

⑯世乳知契少：兩家世交，又同受業於漢陽關季華先生，互相瞭解，志趣相投。微明先生《謝復園文集序》稱：「強甫（嘉興朱克柔）才高氣傲，慷慨論天下事，旁若無人，而復園則謙謙自守，不為表襮，而於出處進退之節，雖貧窮困極，而不肯以苟。貞介峻特，遁世無悶，蕭然以文字自娛。」

⑰索居忽三秋：索居，散處一方。三年之後，即光緒壬寅年（一九〇二年），湖北舉行庚子辛丑併科鄉試，謝復園從漢川羅田來郡城武漢，住在微明先生家中，作為狀元陳沆的曾孫微明先生昆仲三人曾壽、曾則、曾矩塤篪競爽，同掇巍科，謝復園也同科中舉。

二水按：據微明先生《贈謝復園先生詩序》云：「謝復園兄年晉七十，余欲作文以壽至，而復園歸自普陀，出文以示余，蓋贈余之文也。余少復園二十年，其意豈敢當者」，復園先生雖與微明先生同學，又是同年中舉，其實比微明先生年長了二十歲。

⑱劇談：暢談。微明先生《贈謝復園先生詩序》云：「光緒壬寅與復園同舉於鄉，復園從漢川來郡城，居余家，日據案寫殿試卷，以第一人自許，余也不肯讓之。每爭論大笑。日暮相攜登城遠眺，飄飄有凌雲遺世獨立之想。」

⑲訒言：慎言。

⑳嗇己：克制自己。

㉑震川：歸有光（一九〇二—一五七一年），字熙甫，別號震川，又號項脊生，世稱「震川先生」。著名文學家。此節贊微明先生的文風有歸有光的風韻。

㉒負米走燕趙：會試後，復園與微明先生皆未能中進士。微明先生為了養家糊口，一九〇四年赴京城，擔任五城學堂教師；後又於一九一二年充任北京日知報館潤筆；一九一

五年擔任清史稿編修；一九二〇年充任嚴氏家教；一九二五年擔任溥益公司文牘等職。而復園則受知於張之洞。張之洞閱其課卷，稱「文如水，人如玉」，以保送考試，之後去貴州當了知縣。不久，因辛亥革命，二十年來，顛沛流離。

㉓夷猶：生活從容不拮据。唐寅《與文徵明書》云：「寒暑代遷，裘葛可繼，飽則夷猶，饑乃乞食。」

㉔直體同射德：身軀直立，像是射箭時的身法要求。

㉕通變達易義：通權達變，像是合乎參伍以變，錯綜其數的易理。

㉖摻：同「操」。

㉗末世多彊梁：朝代的末期，時局動盪，事態多強橫凌弱（彊=強）。

㉘捍國賴利器：太極拳正好能充當捍衛國家的利器。

㉙扶陽斯抑陰：宣導社會正能量，抑制負能量。

㉚竭來：助詞。意思是說，下次來的時候。

㉛覼縷：細述。

㉜聯床禁夜睡：此節言復園曾於一九一一年秋旅居杭州一月，下榻徵明先生在杭州西湖之洗心閣，聯床夜談事。徵明先生《莫干山海雲樓祭復園兄》云：「連床洗心閣，雷峰聳

浮屠，湖山美如畫，俯窗採蓮菰，談心清夜月，醇釀暢頃壺。」蒼虯也有《洗心閣中菊花開時復園來住一月將別為詩四首》等詩作存世。

㉝遠遊不忘親：此節復園講述自己的身世遭遇。微明先生《祭謝石欽先生文》云：「兄之生平，安貧守道，不苟和光而同塵，每崖岸以自持。昔伯母在堂，不肯遠遊，設帳授讀，薄修以養親。」

㉞投筆苦無地：述說作者想投筆從戎，而報國無門。微明先生《朱強甫文集序》云：「強甫主《正學報》於鄂，時時招邀謝君石欽來會，余兄弟亦時至其室。強甫每沽酒，以待劇飲大醉，沉酣淋漓，同馳馬於白沙洲堤，半日往返，飄忽數十百里，何其壯也。」

㉟時復勞筋骨，豈惟調血氣：指復園先生自己以導引以養生。微明先生《謝復園文集序》稱：「晚年尤喜寂靜，習道家導引之術，終日趺坐，泊然溟涬，志不外營。」

㊱天涯夢魂中，君家幾昆季：無論是浪跡天涯，還是遊魂夢境，牽掛的就只是你們家的昆仲數人。微明先生《二哀志》也說：「余獨居而寡友，其在鄂，惟謝君石欽率年一二過。」意思是說，微明先生在湖北時，就只是與謝復園等一二位同年中舉的同學交往。

㊲漢皋挽征櫂，長公與同遊：漢皋，漢口。征櫂，遠帆航行的船。長公，指微明先生之兄陳曾壽。一九〇四年，端方任湖北巡撫，選派學生遠赴日本。由陳曾壽領隊，微明先

生與謝復園同行，居三月而歸。年輕時，揚帆遠航，躊躇滿志。

㊳歇浦始停驂，叔子來綢繆：歇浦，黃浦江的別稱。停驂，下馬。顧炎武有「落日空城內，停驂問路岐」句。叔子，借羊祜伐吳，廣為戎備，來細述兩人來滬，皆為綢繆束薪。微明先生《贈謝復園先生詩序》云：「余之來滬，本為鬻書而不能售，遂開社授太極拳，與江湖乞食者伍，蓋計無復之出於此途耳。復園亦以鬻書來滬，然不喜酬酢攀援，伏處一室，足不出戶。」

㊴君復恚然顧……百年將焉求：微明先生《祭謝石欽先生文》此節文辭，能為之注腳：「余委棄文事，鬻拳糊口。兄亦來申，從事於翰墨，然所得無幾。居恒閉戶，詩書以自娛。偶然相過，濁酒持勸，詩文商榷，聊舒快於一時。茫茫身世，莽莽前途，唯有乘流順化，任天運之推移。」

㊵年為君自富，吾衰志誰酬：復園先生雖與微明先生同學，又是同年中舉，其實比微明先生年長了二十歲，復園重錄此詩於乙丑立秋前一日，即一九二五年八月七日，時年，微明先生四十四歲，而復園先生已經六十四歲了。

㊶復園（一八六一——一九三七年）：姓謝，名鳳孫，字石欽，復園其號也。湖北羅田人。與浠水陳家為世交。與微明先生昆仲曾壽、曾則、曾矩三人，以及嘉興朱強甫、漢陽

關絅之，同受業於關絅之父親漢陽關季華先生門下。光緒壬寅年（一九〇二年），湖北舉行庚子辛丑併科鄉試，與微明先生昆仲三人同科中舉。次年會試，曾壽高中進士，而微明先生則由嘉興朱強甫舉薦，來杭州求是書院任輿地學教授，復園因受知於張之洞，稱其「文如水，人如玉」，以保送考試，之後去貴州做了知縣。未幾，因辛亥兵起，復園顛沛流離，或設帳授讀，薄修以養親，或鬻翰墨，安貧而守道。晚年寓居滬上，齋名「學海樓」。復園為人貞介，不喜酬酢以攀援，時伏處以自娛，不苟和光而同塵，每臨崖岸以自持。其法書就結體而論，法趣皆備，骨肉肌理，直逼寐叟。以此推知，此學「海」者，未必僅僅泛指「學海無涯」之「海」，蓋係沈寐叟「海日樓」之「海」。撰有《學部尚書沈公墓誌銘》。喜好靜坐，早年聽從沈寐叟言：「不必佞佛，乃不能不似僧」「靜坐是延平家法，若於坐前坐後，專以程子易傳，玩味思索，證明性理，吟風弄月，當更有左右逢源之樂，曷試行之」，其靜坐之法，從儒家入手，出入於佛道間。微明先生詩贊之：「落落謝夫子，生涯嗟獨冷。趺坐移朝暮，靜中生奇景。損之至無為，溟涬功猛進。七十比嬰兒，肌膚冰花靚。窮老神益健，心光自耿耿。」

楊健侯先生遺像

楊澄甫先生

著者　陳微明

致柔拳社二週紀念全體攝影

戊辰四月初九日致柔拳社三週紀念公祝張三豐祖師壽誕攝影

致柔拳社四週紀念全體攝影

孫祿堂　楊少侯　楊澄甫　吳鑒泉　褚民誼　諸先生均到會

致柔拳社六週紀念攝影

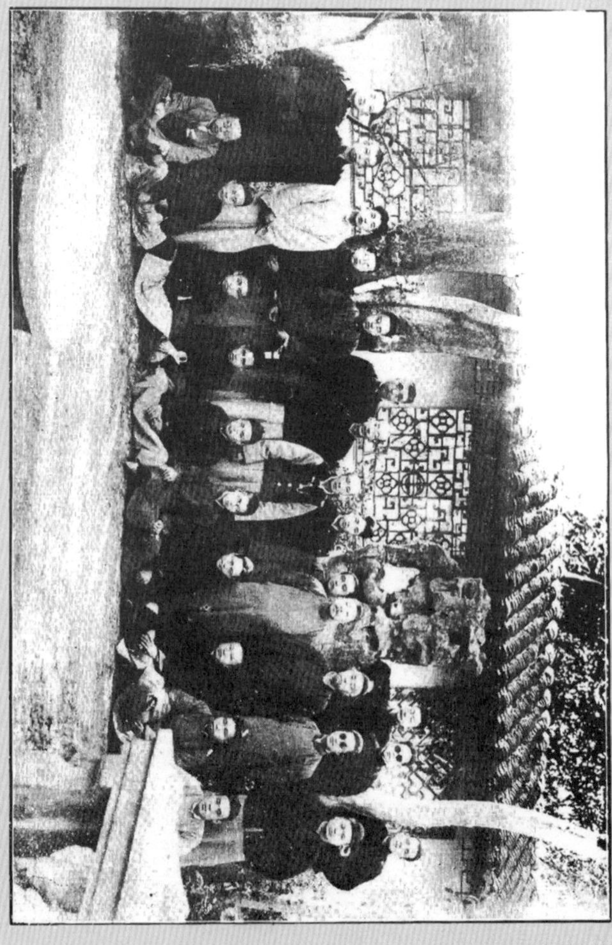

蘇州致柔拳社一週紀念攝影

致柔拳社五週紀念社員攝影

序

思允①於己酉歲②，因張君立識李斌甫③，始聞太極拳之名。越八年，陳慎先從廣平楊澄甫學④。屢約余，以事不果。未久，澄甫南遊⑤，又因慎先識孫祿堂，每以年長難學為憾。祿堂曰：「子毋慮，凡學內家拳者，苟尚有氣，即可學。」余意大動，立與慎先請業於楊先生少侯。未數月，少侯之弟澄甫先生自南歸，乃改從先生遊⑥。今六年餘矣。

同學前後至眾，或作或輟，惟余與慎先相約，不少間斷。祈寒袒衣，盛暑揮汗，未嘗以為苦也；擊撞創痛，屢起屢僵，未嘗以為恥也⑦。

太極拳為體，推手為用。其始循例動作，亦步亦趨而已。久之能不脫，又久之能不抗。由整而散，漸漸能不亂。尤難者，彼此相黏，必求機勢。機勢者，順逆、向背、堅瑕之區別也。機勢得矣，必求方向，或上或下，或正或隅，得之則如脫彈丸，失之則如撼大樹。方向得矣，必求其時，早則我勢未完，遲則彼覺而變。三者皆得，而又動之至微，發之至驟，引之至長。此則余能知之於心，宣之於口，而不能嫻之於手者也⑧。

余見練此者眾矣，皆莫能與澄甫先生抗。先生猶自言，如與若祖、若伯、若父較，必有所未逮。然後歎此藝之精深博大如此。

顧余於此藝，有引申者二事：其一則世所共知者，養身是也。交通部許君，年近六十，咳唾喘促，乃習斯術，今行步如飛矣。杜姓童子，虛瘠哮脹，從其舅學，今為健兒。其他學一節一式而有效者，不可殫述。蓋有導引之利，而無其弊。故其驗甚明著。其一則世所未知者，養氣是也。吾人之大患，淺率浮躁，恃強任氣。太極拳之要訣，則曰氣沉丹田，又曰心靜神斂。學者先練其身，以次練心，又以次練神，深以測淺，靜以制動，柔以克剛⑨。大之可以應付曲當，小之亦可以全身遠害⑩。是故無老少，無文武，無男女，皆可學，皆當學。學焉而各得其性之所近，不有得於此，必有得於彼⑪。此余所以津津樂道者也。澄甫先生當採余言，以為甚韙於理，屬書之以為《太極拳術》序，乃雜書其意如右⑫。

乙丑夏日　武進徐思允　謹序

【注釋】

①思允：此序文作者，徐思允，字茗雪，號愈齋，江蘇武進人。曾任溥儀之御醫，係許寶蘅的兒女親家。與陳曾壽等多詩文酬唱。據蒼虬《湖上寄懷治薌即祝九日四十初度兼訊茗雪季湘子安》詩自注：「茗雪、季湘皆四十一歲，子安三十八，予三十九。」茗雪即徐思允，季湘即許寶蘅。以此推知徐思允、許寶蘅均係一八七六年生人。

②己酉歲：宣統元年，即一九〇九年。

③李斌甫：生卒不詳。楊明漪《近今北方健者傳》載：「王恭甫……十五入京都米市胡同某教會學校，因得從李彬甫授太極，沉潛致志者八年。辛亥武昌事起，十月間回山

東，從友人走兗徐豐沛」，辛亥革命之前在北京某教會學校傳授太極拳的李彬浦，與徐思允一九〇九年在京城所結識的李斌甫，是否同一人，存疑之。

④越八年，陳愼先從廣平楊澄甫學：愼先，微明先生，名曾則，字愼先。八年後，亦即一九一七年，其年，微明先生始從楊澄甫學太極拳。

二水按：據微明先生《楊澄甫先生五十壽序》：「澄甫先生……世傳太極拳，名聞海內，余少即慕之。甲寅，先生來都門，不介而往謁。八月中秋，敬設酒饌，請先生臨寓賞月。酒罷，先生演太極拳，渾然圓融，精光流溢，與月色爭輝，歎為平生所未見，因叩問其用法，先生曰：「用法非言語所能達，亦非一時所能解。汝習他拳，試擊吾。」余貿然以拳擊之，拳方出身，已跌尋丈外。初未感先生之力，亦不見先生揚手，究不知如何跌也。大驚喜，請授業焉。並約徐茗雪及弟農先同學」云云。甲寅，係民國三年，即一九一四年。這與徐思允所述之一九一七年，整整相差了三年。另，微明先生雖然沒有明確徐思允從楊澄甫學拳的時間，但從行文來看，也是自一九一四年。而從後文「今六年餘矣」推知，徐思允是在一九一九年開始才師從楊澄甫學習太極拳的。時間又整整相差五年。後文微明先生自序：「余幼聞武當派太極拳之名，心慕之而未遇知者。乙卯遊燕，得見完縣孫祿堂先生，授以形意八卦。聞友言廣平楊氏世傳太極，丁巳秋，訪得楊露禪先生之孫澄甫，不介而往見」云，以此推知，微明先生先於一九一五年師從孫祿堂學習形意八卦，後於一九一七年秋天，才訪得楊澄甫，不介而往見。先見孫祿堂，後訪楊澄甫一節，也與後文徐思允所述說同。由此推知，微明先生在中秋夜請楊澄甫臨寓賞月的時間，應該是在一九一七年。

⑤澄甫南遊：此次楊澄甫老師南遊時間，似界定為一九一七年與一九一九年之間。微明先生《太極答問》自序云：「余從永年楊澄甫先生學太極拳八年，以資質魯鈍，故有所疑，輒喜請問。先生亦不憚煩，諄諄誨余。中間先生南遊，余曾從少侯先生學三月，亦頗聞其緒論」，也印證微明先生從學楊澄甫其間，楊澄甫老師的此次南遊。至於楊澄甫老師應誰之邀，去南方何地，均無其他資訊相談助。微明先生學成，於滬上開設致柔拳社之後，楊澄甫老師的南遊，微明先生《楊澄甫先生五十壽序》有載：「余至滬設致柔拳社，提倡太極拳，學者甚衆，每與講說先生（楊澄甫）之神妙，莫不軒眉舞蹈，冀一見之。越數載，先生果南下，社友數百人，開會歡迎先生蒞社開示其意，並演拳推手。震先生之名來社瞻仰者闐衢溢巷，廣廈幾不能容。」據《江蘇省國術館年刊》之「本館大事記」載：

（民國十七年）十月二十二日開會歡迎國術名家楊澄甫、劉崇俊兩先生」，同刊之「本館教職員進退紀略」載：「（民國十七年）七月一日聘孫福全為教務主任，田兆麟為武當門教務長，金佳福為少林門教務長」「十月二十三日聘楊澄甫為名譽顧問」「十二月九日查照本館修正組織大綱，加聘孫福全為教務長，楊澄甫、田兆麟、金佳福為一等教習」「十八年二月二十八日一等教習楊澄甫田兆麟、三等教習孫百如辭職」。由此推之，此次楊澄甫老師南遊來南京的時間是一九二八年十月二十二日，而這一年的十月二十三日至一九二九年的二月二十八日，楊澄甫老師一直在江蘇國術館任職。

⑥又因愼先識孫祿堂……乃改從先生遊：又透過微明先生介紹認識了孫祿堂，但自己每每以年歲大了，生怕難以學會，覺得遺憾。然孫祿堂說：「先生你不用顧慮，凡是學內家拳的，不管年事高低，只要還留有一口氣，就可以學。」我聽了後，心意大動，立即與微明先生一起去向楊少侯請教太極拳了。沒幾個月，楊少侯的弟弟楊澄甫老師從南方回來，於是就改從楊澄甫老師學拳。

⑦同學前後至衆……未嘗以為恥也：當時陸續從楊澄甫老師學習的人很多，練練停

停，斷斷續續，只是我和陳微明先生事先有個約定，期間很少有間斷。冬天大寒，練得全身發熱而脫衣；夏天盛暑，練到大汗淋漓，揮汗如雨，始終沒以此為苦差事。每次與師友推手，或被擊打跌出，或受傷創疼痛，每每跌倒爬起，剛爬起又跌出，也從不以此為羞恥。

⑧太極拳為體……嫺之於手者也：從傳統哲學體用角度，把行拳走架看作是「體」，把推手摸勁，當作是「用」，並以學習進階的角度，總結了拳學過程的習練重點。此節文字非常精到，從「循例動作」開始，到求勁力的「機勢、方向、時間」三者的把控，再到「動之至微，發之至驟，引之至長」的境界，也可與王宗岳《太極拳論》之「由著熟而漸悟懂勁，由懂勁而階及神明」三個階段，相互發明。

⑨顧余於此藝……柔以克剛：從「養身」「養氣」兩方面，詳細闡述了太極拳在調控身心上的功效。

二水按：首先，太極拳是一門將自己的身體作為研究課題的學問。透過行拳走架，透過四正四隅、進退顧盼中的訓練，來調控自己的身體，進而調控自己的情緒。這門自我調控的學問，其實又是與古人反求諸己、正心修身的修行體系是一脈相承的。孟子說：「發而不中，不怨勝己者，反求諸己而已矣。」這一層面，也相對應於王宗岳《太極拳論》中「著熟」的過程。

其次，透過太極拳推手訓練，在調控自己身心的同時，還能調控對手的身心。這也是通常我們理解的太極拳中下乘武技的成分。但是，調控對手的身心，不是以顢頇逞強為能，更非呈角力相撲之技，而是在相互的粘黏連隨之中，克服頂匾丟抗之病，去覺知對手勁力的大小、方向、目標，甚至在對手勁力之將發而未發、預動而未動的端倪，去把握對手的運與動。太極推手訓練，其實就是由相互之間的粘黏連隨，旨在把握雙方勁力意氣的運與動，在將發而未發、預動而未動的端倪中，去觀照和感觸陰陽消長的機。由相互的餵勁、摸勁，進而建立起一整套完整的攻防體系。對應於王宗岳的《太極拳論》，這一層面，就是「漸悟懂勁」的過程。

第三，透過完整的太極拳訓練體系，能夠讓習練者逐漸進入到一種「太極」的生活狀態。太極拳像是一個臺階，讓習練者由下往上，沿著臺階，一步步地走上去，一直上到一個境界，這個境界，叫作「神明」。王宗岳說：「由著熟而漸悟懂勁，由懂勁而階及神明」，這裡「階及」的階，就是臺階。《淮南子．兵略訓》曰：「見人所不見，謂之明；

知人所不知，謂之神。神明者，先勝者也。」王宗岳所宣導的太極拳，也就是這樣一種學問：我們逐漸地透過練一套拳架，來認識自己，瞭解別人，瞭解自己在自然界的位置，讓我們與大自然達成和諧共處。

⑩大之可以應付曲當，小之亦可以全身遠害：曲當，委曲皆得以當之。陸游《賀黃樞密啓》云：「應一旦之變，酬酢曲當，非有道者不能。」君子立世，《荀子》卷五之王制篇曰：「欲安，則莫若平政愛民矣；欲榮，則莫若隆禮敬士矣；欲立功名，則莫若尚賢使能矣；是君人者之大節也。」孔子曰：「大節是也，小節是也，上君也。大節是也，小節一出焉，一入焉，中君也。大節非也，小節雖是也，吾無觀其餘矣。」

二水按：太極拳絕非僅呈一拳一腳之能事。太極拳的功效，從大處而言，因為能在世事萬物將發而未發、預動而未動的端倪中，去觀照和知覺陰陽消長的機勢，所以能應付曲當，保持君子立身，大小節皆不委曲；從小處而言，因為能在世事萬物將發而未發、預動而未動的端倪中，去觀照和知覺陰陽消長的機勢，所以能在風雨將至之時，得以保全身心，遠離禍害。

⑪學焉而各得……必有得於彼：太極拳學習過程，雖然必須循例動作，亦步亦趨，但最後終會因為各自的性情不同，而呈現出與各自性情相吻合的精彩紛呈來。不在這方面有所收穫，必定在另一方面有所收穫。反過來講，倘若純粹只是千篇一律的動作展現，那只是舞蹈或體操。

⑫此余所以……乃雜書其意如右：屬，同「囑」，囑咐，託付之意。如右，豎寫習慣中，右起左行，意為「以上這些內容」。此節意思為：這就是我之所以津津樂道的原因，楊澄甫老師當時聽了我的這些話，也採納了我的一些觀點，認為我的話符合太極拳的根本道理，所以囑咐我寫下來，可以作為《太極拳術》一書的序言。於是就拉拉雜雜寫了以上這些內容。

序

慎先同年①，余總角交②也。幼同嬉遊，長同讀，壬寅又同舉於鄉，嗣後余宦遊滬上，遂相別③。聞慎先遊京師，學內家拳術，心甚慕之。今年慎先來滬，始知其苦功練習者，有七八年之久。余偶述諸友人李君雲書、江君味農、徐君冠南、聶君雲台、王君一亭、沈君惺叔、謝君泗亭、趙君雲韶等，皆欣然約從學④。仍知太極拳術，其妙全在不用氣力，而其極難亦在於此。

諸君及余，皆年過四五十，手足木強⑤，不能婉轉靈活，然習之數月，亦漸能隨心應手。乃知斯術無一處不合於自然，無絲豪⑥之勉強。余每日聽訟疲勞，必休臥片時，今則精神振發，可不復休息矣。諸君中有痔疾及肢體痲木者，亦皆痊癒。人言內家拳術能卻病延年，誠非虛語。

慎先著《太極拳術》，將付梓，屬作序文，爰略書實事於右⑦。預知此書，必可風行海內無疑也。

乙丑夏六月　關炯⑧

【注釋】

①同年：科舉同科中試者，互稱為同年。關炯與微明先生皆係光緒壬寅年（一九〇二年）湖北庚子辛丑併科鄉試同科中試者。

②總角交：古時兒童束髮為兩結，向上分開，形狀如角，故稱總角。總角交，泛指童年相交的好友。

③幼同嬉遊……遂相別：小時候一起玩耍，長大後又同窗讀書，壬寅年（一九〇二年）又同科高中舉人，之後我來上海任職租界會審公廨大法官，於是就分開了。

④余偶述諸友人……皆欣然約從學：我偶然跟李雲書、江味農、徐冠南、聶雲台、王一亭、沈惺叔、謝泗亭、趙雲韶等朋友談起這事，他們都欣然相約，一起來學習太極拳

了。李雲書、江味農、徐冠南、聶雲台、王一亭、沈惺叔、謝泗亭、趙雲韶等人，詳見《太極答問》出外教授姓名錄之注解。

⑤手足木強：手足痲木僵硬。

⑥豪：當作「毫」。

⑦爰略書實事於右：於是就簡要地寫了上述這些事實經過。

⑧關炯（一八七九—一九四二年）：名炯，字絅之，又字別樵，漢陽人。其父關棠，字季華，為漢陽名儒，人尊為「漢陽先生」。微明先生昆仲皆師從「漢陽先生」。後求學於教會博文書院，致力於中西實用之學，在武昌創辦民辦普通中學和速成學堂，有「小漢陽先生」之稱，深得張之洞賞識。以同知入幕上海道袁樹勳，一九〇四年二月被委上海公共租界會審公廨讞員，斷續主審公廨至一九二七年。為人為官，剛正清廉，以黎黃氏、「五卅」兩案最著。傳為關羽之後裔，人也尊之為「關老爺」。任致柔拳社名譽社長。微明先生《關絅之居士傳》云：「君天性倜儻詼諧，喜絲竹歌唱，博弈遊樂，雖至繁劇，必偷隙為之，至老不厭。蓋稟賦春和之氣，時時得見其天眞云」「居鄂時，嘗與朱強甫、吾兄弟連騎遊郊外，君每縱轡先馳，諸騎爭先，奔軼絕塵，樂而忘返。又同習步伐軍陳，壯志慷慨，將欲有為於天下也。」

序

余童年聞人道武俠事，輒不覺手舞足蹈，樂而忘倦，嘗心慕武當派內家拳術。而生長南邦，不出里門一步，卒無所遇。蘄水陳慎先先生，善太極、八卦、形意三家。太極為廣平楊澄甫先生所授，楊氏世傳太極，蓋武當嫡派也。今年夏，陳先生來滬，籌辦致柔拳社，甫於報端披露消息①，而報名者紛至遝來。余聞之喜出望外。亟②入社，從先生學。

先生蓄道德，能文章，曾任清史館纂修，以楊先生口授之太極拳，筆述成書，多所闡發，稿贈楊先生以酬答之。楊先生藏之數年，不以付梓。余與秦君光昭、王君鼎元、岑君希天③聞之，請先生慫恿出之，以傳於世。先生書往，楊先生欣然寄稿，並圖五十餘幅④。將付刊，先生命志其崖略，因略道其事實，兼及生平往事，深幸志願之克遂云耳⑤。

乙丑六月潔人孫紹濂謹序

【注釋】

①甫於報端披露消息：甫，剛剛，才。報端，報紙上。意思是「剛剛在報紙上披露致柔拳社創辦的消息」。

二水按：此消息即一九二五年五月二日《申報》第十七頁所載：「吾國內家拳為太極、八卦、形意三種，而太極拳最為精妙。練太極拳之善者，當首推楊澄甫。練八卦、形意之著者，當首推孫祿堂。鄂省陳慎先，獨兼二家之長，融會貫通，實為當今內家拳拳術中難能可貴之人物。現在滬籌辦致柔拳社，暫寓哈同路南口，福煦路民厚里六百零八號。日來陸續有人報名，業已開始教授，滬上有名人物如王一亭、聶雲台等，均就陳君求學云。」

②亟：急，立即。

③余與……岑君希天：此序言作者孫紹濂（一八八四—一九三八年），字潔人，吳江人，史量才總理《申報》時所聘任的財務總監，史量才遭暗殺後，依然主政《申報》財務，係致柔拳社初創時的學員，在《太極答問》致柔拳社社員姓名錄中，即孫潔人。秦君光昭，或即名單中的秦鑒本；王君鼎元，即王鼎元；岑君希天，即岑巍。以上諸君，皆係時任《申報》職員。

④並圖五十餘幅：書中採用楊澄甫拳照計三十七幀，楊澄甫與許禹生推手照四幀。圖五十餘幅，可能還包括了微明先生補拍的拳照十三幀，或者微明先生與陳志進推手照九幀。

⑤將付刊……克遂云耳：即將付梓刊行時，微明先生叫我將此書的原委大略記錄下來，講清事情經過，並寫一些生平往事等。而今書得以出版了，我深感幸運，我們當時「請先生慫恿出之，以傳於世」的這一心願，終於得以完成了。

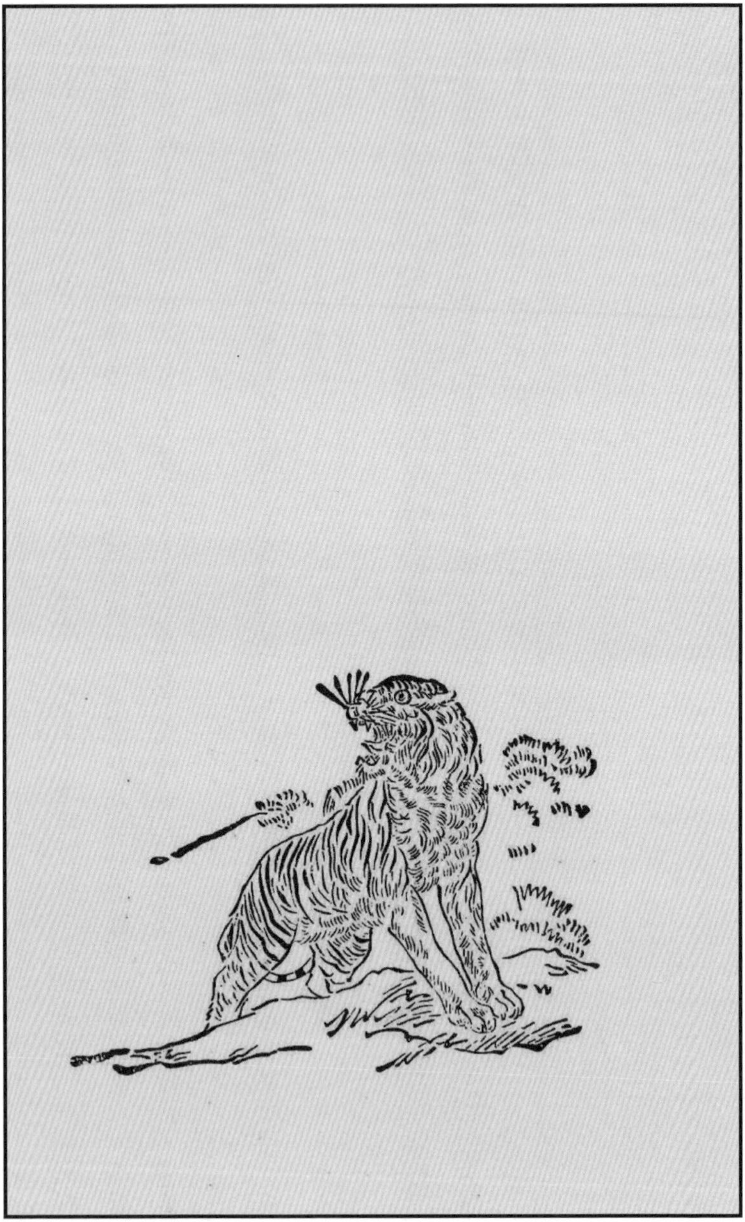

序

余幼聞武當派太極拳之名，心慕之而未遇知者。乙卯遊燕①，得見完縣孫祿堂先生，授以形意、八卦。聞友言，廣平楊氏世傳太極。丁巳秋②，訪得楊露禪先生之孫澄甫，不介而往見。問曰：「人言太極楊氏最精，而弗輕傳人。然乎？不乎？」澄甫先生笑曰：「非不傳人，願得其人而傳也。吾祖受之河南陳氏，今將歸之陳。君如好之，吾不秘惜。」於是從學七年，以澄甫先生口授之太極拳，及大小攌諸式，筆之於書，以傳於世。

太極拳術，宋張三豐祖師所傳也。稱為武當內家，其異於外家者，舉之略有數端：一動中求靜，與道相合；一純以神行，不尚拙力；一呼吸根蒂，氣沈③丹田；一循環無端，綿綿不斷；一不離不距，隨機應變；一專氣致柔，以弱勝強。其術純任自然，無幾微勉強④。

余年二十餘，軀羸多病，髮白十之三四⑤。自遇孫、楊二先生習內家拳術後，精神發越，大異於前。余友有因病習者，雖勞傷痼疾⑥，莫不霍然脫體⑦。誠養生卻病之妙術，禦侮其餘事也。

余今年創辦致柔拳社於海上，招集文雅之士，共同研習。因印此書，俾學者有所遵循，求其體式之中正⑧。又將王宗岳先生所著《太極拳論》，加以注釋，附印於後，俾學者知用法之精巧⑨。惟是太極拳式，曲中求直，變動不居，實難以筆墨形容，雖力求簡明，仍恐有不盡之處，閱者諒焉。

乙丑夏陳微明識

【注釋】

①乙卯遊燕：一九一五年，我來到北京。

二水按：微明先生一八八一年出生在北京，一八八三年隨著祖母、父母、叔、姊、兄全家遷離京城，寓居武昌。一九〇四年，兄陳曾壽中進士後，至京城都察院，任廣東監察御史。薦微明先生同赴去北京，在京師五城學堂教《左傳》，並在優級師範學校教國文諸子學。之後又回杭州與汪氏完婚。一九一二年，同學張彥雲推薦他去北京日知報館，並充任公府潤筆。一九一五年，梁節廠（鼎芬）推薦他為清史稿編修，一直到一九二〇年。所以，北京之於微明先生，其實是他的故鄉。

②丁巳秋：一九一七年秋天。

二水按：微明先生《楊澄甫先生五十壽序》：「澄甫先生……世傳太極拳，名聞海內，余少即慕之。甲寅，先生來都門，不介而往謁……」八月中秋，敬設酒饌，請先生臨寓賞月。酒罷，先生演太極拳，渾然圓融，精光流溢，與月色爭輝，歎為平生所未見，因叩問其用法，先生曰：「用法非言語所能達，亦非一時所能解。汝習他拳，試擊吾。」余貿然以拳擊之，拳方出身，已已跌尋丈外。初未感先生之力，亦不見先生揚手，究不知如何跌也。大驚喜，請授業焉。並約徐茗雪及弟農先同學」，此節中「甲寅」，蓋係「丁巳」之。

③沈：同「沉」。後同，不另注。

④其異於外家者……無幾微勉強：此節列舉了太極拳的六大特徵，以此來闡述內家拳

與外家拳的區別，堪稱經典。這六大特徵，也自然成為太極拳修煉的要點所在。

⑤余年二十餘……十之三四：軀羸：身體瘦弱。意為我二十來歲時，身體瘦弱多病，頭髮已經白了十分之三四。

二水按：微明先生光緒戊戌（一八九八年）娶其姑丈繼室之女范氏為妻，產子皆不育，光緒乙巳（一九〇五年）正月，范氏因異常分娩，難產導致母子皆喪。時年，微明先生二十四歲，《范孺人哀辭》云：「吾妻死，停室中三月，不忍遽出也」；《強志齋記》云：「余二十四歲喪耦，頹廢無聊，嘗讀《莊子》至「寥已吾志」，因取「寥志」以自號。」可見其時，微明先生百無聊賴，情緒低谷。無往焉，而不知其所至；去而來，而不知其所止；已往來焉，而不知其所終。

⑥勞傷痼疾：勞傷，五勞七傷之簡稱。中醫泛指因過度勞累而引起的各類陳年傷病。

⑦霍然脫體：陳年病痛，一下子像是脫去一件沉重的濕衣服一樣，全身頓然輕鬆。

⑧因印此書……體式之中正：刊行此書，目的是使得習練太極拳的人，有一個能賴以遵循的法則和摹本，一式一勢以求其中正。

⑨又將王宗岳先生所著……用法之精巧：又將王宗岳先生的《太極拳論》，逐一加以注釋，附印在後面，目的是使得習練者，能夠進一步深入研討太極拳用法之精妙。

凡例

⊙太極拳，時時變動方向。說①內不得不以東西南北方向表示，俾閱者易明。至練熟後，則不擇方向矣。

⊙圖式，皆楊澄甫先生所攝影。其中有未備者，余為補之。其規矩分寸均謹守澄甫先生所授之姿勢。

⊙順步推手大攦，乃澄甫先生及許君禹生②合照，僅四圖，未盡推手之形式，余與致柔拳社助教陳君志進③合照補之。

⊙推手二人合手之圖，說中分甲乙，右為甲，左為乙。

⊙大攦四圖，形勢皆備，甲乙可互相變換為之。

【注釋】

①說：論說。「說內」「說中」，依照今人語境，意為「書內」「書中」。後同，不另注。

②許君禹生：許龗厚，字禹生，河北宛平人，年居弱冠，見國體日衰，益勵志習武，廣訪各派名師益友，發憤鑽研，涉歷內外各家。若少林，若六合，若岳氏，若八卦，若通臂，而專功於太極拳，蓋於是時已植其基。以楊氏班侯、健侯，劉氏德寬，宋氏書銘為之師；以紀氏子修，吳氏鑒泉，楊氏少侯、澄甫，劉氏鳳春，李氏存義，張氏玉蓮諸人為之友。復究心陳溝各項拳法，旁及器械，集各派之精華，卓然有所樹立，數十年而不懈，於太極拳擅獨得之秘。民國初年出任教育部專科系主事，建議學校設置國術課，並成立體育學校，將武術列入學科考試科目，一九一二年十一月，邀北平武術界吳鑒泉、趙鑫洲、葛馨吾、紀子修等創辦北平體育研究社。一九一六年，附設北平體育講習所，延聘吳鑒泉、楊少侯、楊澄甫、劉恩綬、紀子修、劉彩臣等任教。一九一八年，創刊《體育》。一九二九年十二月，宣導成立北平市國術館。編著《太極拳勢圖解》，初版於民國十年十二月。書中拳勢，一一據此書中楊澄甫老師所贈的拳照勾勒而成。對照閱讀《太極拳勢圖解》《太極拳術》，能清晰地看到楊澄甫老師的拳架變化軌跡，這對深入研究拳理拳史，頗有

裨益。

③陳君志進：陳志進，生卒不詳。田兆麟老師早年的弟子，後也從楊澄甫老師學拳，一九二七年十一月，劍仙李景林來上海，葉大密老師約陳微明與陳志進一同向李景林學習武當對手劍法。陳志進美髯飄逸，掌大如蒲扇，一副仙風道骨相。當年上海拳界，昵稱他為「陳大鬍子」。衆多的楊家師兄弟中，幾無人能逃脫陳大鬍子的「按勁」。抗戰全面爆發後，陳購置廬山別墅，離開孤島上海，過起漁樵耕讀的隱居生活。臨行，與葉大密老師道別，兩手又作手談。就這一次，陳大鬍子的按勁怎麼也不能在葉老師身上發揮其威力來。陳大鬍子爽朗地笑了：「伯齡，你的功夫大進啦！」抗戰結束後，經多方打聽，從廬山傳來的消息說有一鬚髯道士，墜落山崖致死。葉大密老師說，沒想到自此一別，竟成永訣！微明先生也是在其過世後三年，才知其死訊，有詩曰：「陳君共事久，率眞兄坦豁」「哀聞墓宿草，死生永契闊」。

太極拳術　目錄

扇通臂③　撇身錘　上步搬攔錘　攬雀尾
單鞭　左右抎手　單鞭　高探馬
左右分腳　轉身蹬腳　左右摟膝拗步　進步栽錘
翻身白蛇吐信　上步搬攔錘　蹬腳　左右披身伏虎式
回身蹬腳　雙風貫耳　左蹬腳　轉身蹬腳
上步搬攔錘　如封似閉　十字手　抱虎歸山
斜單鞭　左右野馬分鬃　上步攬雀尾　單鞭
玉女穿梭　上步攬雀尾　單鞭　抎手
單鞭下勢　金雞獨立　倒攆猴　斜飛勢
提手上勢　白鶴亮翅　摟膝拗步　海底針
扇通臂　撇身錘④　上步攬雀尾　單鞭
抎手　單鞭　高探馬　十字腿
摟膝指膪⑤錘　上勢攬雀尾　單鞭下勢　上步七星

【注釋】

①後文章標題為「太極拳術源流」。依據原書，目錄與章節標題有不統一的情況。後同，不另注。

②鞕：音ㄅㄧㄢ，古同「鞭」。後同，不另注。

③扇通臂：中國書店《太極拳選編》本作「扇通背」。

④撇身錘：中國書店《太極拳選編》本作「白蛇吐信」。

⑤膽：當作「襠」。後同，不另注。

張真人傳①

真人，遼東懿州人②，姓張，名君實③，字元元④，號三丰子，又號昆陽。或云姓張，名玉，字君寶，號元元子，宋末時人⑤。生有異質，龜形鶴骨，大耳圓目，身長七尺餘，修髯如戟，頂作一髻。常戴偃月冠，一笠一衲，寒暑御之，不飾邊幅⑥，人皆目為張邋遢⑦。所啖升斗輒盡，或避穀數月，自若。延佑間，年六十七，入嵩南，遇呂純陽、鄭六龍，得金丹之旨。或云入終南得火龍真人之傳。秦淮漁戶沈萬山⑧，好善樂施，真人傳以點石成金之術。元末，居寶雞金台觀。至正丙午九月二十日⑨，自言辭世，留頌而逝。士民楊軌山，置棺殮訖，臨窆⑩復生，時年百三十歲矣。

入蜀至太和山，結茅於玉虛庵。庵前古木五株，嘗棲其下，猛獸不傷，鷙鳥不搏，眾皆驚異。有人問仙術，絕不答。問經書，則論說不倦。嘗語武當鄉人曰：「此山當大顯」⑪。明永樂間，勑修武當，真人隱於傭工，人皆不識。

孫真人碧雲為武當山住持，與真人來往，多受其教。永樂帝聞之，遣使屢召不赴，以詩詞託碧雲奏之。後以道授道士丘元靖，不知所終。世傳太極拳術，乃真人所傳也⑫。

【注釋】

①張眞人傳：微明先生此篇《張眞人傳》，係從《張三豐全集》卷九之「三丰張眞人源流」一文化出。茲將原文附錄，以供參閱：

三丰張眞人源流

眞人，遼東懿州人，姓張，名君實，字元元，號三丰子，又號昆陽。或云姓張，名玉，字君寶，號元元子，宋末時人。生有異質，龜形鶴骨，大耳圓目。身長七尺餘，修髯如戟，頂作一髻，常戴偃月冠。一笠一衲，寒暑御之。不飾邊幅，人皆目為張邋遢。所啖升斗輒盡，或避穀數月自若。延佑間，年六十七，入嵩南，遇呂純陽、鄭六龍，得金丹之旨，修煉成道。或云入終南，得火龍眞人之傳，修煉成道。秦淮漁戶沈萬山，又名萬三，好善樂施，限於家貧，不能如願，眞人傳以點石成金之術，遂其願。萬三自號三山道士，其丹室有聯云：「八百火牛耕夜月，三千美女笑春風」，世稱為聚寶盆，城西南三山街是其故居。眞人於元末居寶雞金台觀，至正丙午九月二十日，自言辭世，留頌而逝。士民楊軌山置棺殮訖，臨窆復生，時年一百三十歲矣。

從此入蜀，至太和山，結茅於玉虛庵。庵前古木五株，嘗棲其下，猛獸不傷，鷙鳥不搏，衆皆驚異。有人問仙術，絕不答。問經書，則論說不倦。嘗語武當鄉人曰：「此山當大顯。」後永樂間，皇帝敕修武當，眞人隱於工人之中，勤勞行功，人皆不識，惟碧雲孫眞人深知。時碧雲為武當山住持，與眞人來往，多受眞人益。眞人名達天庭，皇帝遣使屢召不赴，惟以詩詞托碧雲奏之。後以道授道士丘元靖，不知所終。

②懿州人：懿州始建於遼聖宗太平三年（一〇二三年），原係蕭太后的孫女燕國長公主的私城，歷遼、金、元三代。史稱懿州為遼東懿州，或遼陽懿州。任自垣《敕建大岳太和山志》之張三丰傳，稱「相傳留侯之裔，不知何許人。」《大岳太和山紀略》之張三丰

傳，稱「遼東懿州人，張仲安第五子也。」之後，張三丰籍貫衆說紛紜，寶雞說、沙陀說、懿州說、遼陽說、遼東說、閩縣說、羊城說、天目說、平陽說、黃平說、金陵說，不一而足。

③君實：君寶。《張三丰全集·雜說正訛》之八云：「俗本載祖師原名君寶，及觀《神仙鑒》，始知「寶」本作「實」，魯魚相誤，有如是者。並按「君實」二字，似字非名。暨閱陸儼山《玉堂漫筆》，乃知祖師名通，號玄玄，君實其字也。天師之後，曾寓鳳翔寶雞縣之金台觀。詹事府主簿南陽張朝用嘗識之，見其行足不履地。胡忠安公薦朝用為均州知州，同訪不遇。又有密敕，雲淮安王宗道曾與三丰學仙，令覓同往。三年召見，賜宗道金冠鶴氅，奉書香遍遊天下，越十年，竟不遇還。」

④元元：任自垣《敕建大岳太和山志》之張三丰傳稱：「張全弌，字玄玄，號三伴。」《大岳太和山紀略》之張三丰傳稱：「三丰，號元元子，又號張邋遢。」「玄」蓋因避諱改「元」。

⑤宋末時人：眞人所處年代，也各有其說，有劉宋說，有宋元說，有元明說，甚至明中晚期，乃至民國年間或有仙蹤可稽。

⑥生有異質，龜形鶴骨……不飾邊幅：仙尊的形象，大凡都一依任自垣《敕建大岳太

和山志》之張三丰傳：「丰姿魁偉，龜形鶴骨，大耳圓目，鬚髯如戟，頂上作一髻，手中執一方尺，身披一衲，自無寒暑。」

⑦張邋遢：又稱邋遢張。是否與張三豐別是一人，歷來有爭議。

任自垣《敕建大岳太和山志》，收錄成祖永年十年賜張三丰書：「皇帝敬奉書。眞仙張三丰先生足下：朕久仰眞仙，渴思親承儀範。嘗遣使致香奉書，遍詣名山虔請。眞仙道德崇高，超乎萬有，體合自然，神妙莫測。朕才質疏庸，德行菲薄，而至誠願見之心，夙夜不忘，敬再遣使。謹致香奉書虔清。拱俟雲車鳳駕惠然降臨，以副朕拳拳仰慕之懷」云云。求仙之心切可知。

凌雲翼、盧重華著《大岳太和山志》也沿襲此書。楊儀《高坡異纂》引錄陸深《玉堂漫筆》，也全文收錄了此御制書。只是各本在傳抄中，文字稍有出入。

楊儀書三丰事，「乃是《懿州志》中舊傳」，「張三丰，遼東懿州人，張仲安第五子也」「初疑邋遢張別是一人，子業又持靈濟宮道士所藏刻本文皇御書示予，但稱玄玄子，而不稱三丰先生。其時有張舉人維，乃尚質之弟也。自海南內徙當塗。其人酷慕神仙，亦云不能知。故不敢入並邋遢張。亦不復別出」云。

楊儀，字夢羽，號五川，嘉靖五年進士，歷任工部主事等職。《四庫全書總目提要》

評價其書「往往誕妄」「小說之誕妄，未有如斯之甚者也」。而此則文字，作者對別號「張邋遢」的張三丰與《懿州志》中舊傳的張三丰、《御制書》裡「玄玄子」之張三丰諸等身份，是持存疑態度的。

李日華《味水軒日記》記載兩次禮白岳（休寧齊雲山）的經歷，且兩次都奇遇了邋遢仙張眞人。

第一次時間為萬曆三十八年九月十六日（西元一六一〇年）：「五鼓起。盥櫛。同羽流鼓吹詣拜表台上章。天風獵獵。清寒砭入骨。如置余九霄郁羅之府。塵海浩浩。俱出履帶下也。歸院午飧罷。羽流乞書扇者棼集。漫占語應之。不復計其工拙。天門外石室中遇張邋遢。一百二三十歲人。」此次遊白岳，李日華還作《禮白岳記》，詩云：「曾聞不死藥，今見不死人。眸子帝青寶，口頰桃花春。短髮披雪毿，破衣結懸鶉。眞氣薰四坐，顧盼爗有神。自言肅皇帝，醮籙祈玉宸。余時臥馬槽，積雪環其身。三旬不轉動，氣出如炊蒸。馬卒呵使起，怡愉方欠伸。駭視傾都邑，讚歎集冠紳。朝官百餘輩，秉笏拜下塵。肅皇鑄鼎就，慭遺山林臣。兀兀六十載，閱世如碁枰。松觔絡堅石，瑩珀固飛蠅。不有後天老，那有先天生。嗤嗤流俗徒，難可與其陳。」

第二次是在萬曆四十二年四月十八日（西元一六一四年）：「同羽流吳立齋，步至天門外，訪張邋遢。邋遢聞余至，喜甚。曰：吾夜夢覺有異，君非凡人也。固相與團坐階石上，話無町畦。邋遢自起，手煎茶來飲餘，又散果於諸從者。雖乞子亦與之，又諄諄戒余勿多飲酒。酒至五合，必經汗一番而醒，是眞氣之賊也。余心佩其言。邋遢之徒，別出餅餌椿芽，款洽甚至。余以一律書扇貽之：偶從福地遇眞仙，團坐長松怪石前。淡話常言番有味，烹茶分果結多緣。年過甲子再甲子，遊遍大千又大千。他日相逢定何處，天臺山裡石橋邊。」

另，李日華《紫桃軒又綴》卷一亦記載張邋遢事：「張邋遢在白岳，遇雪積數尺，輒喜，解衣裸臥其中良久，氣蒸蒸如炊滿斛飯。見人來，伸縮自恣。大呼曰：快活。余嘗密問之。曰：至陰能感至陽，雪氣觸我丹火，相為融浹故也。然上界眞人，亦雅重雪，謂之天公玉戲。」齊雲山位居江南，農曆九月、四月間均無雪。此節文字，概係《禮白岳記》「余時臥馬槽，積雪環其身」句的注解。

《紫桃軒又綴》同卷，李日華還記載了張三丰再傳弟子陳性常事，謂「三丰於正統間尚在」云云。

可見，李日華雖然親歷了與邋遢眞人的兩次會晤，且也不厭其煩地記述了這位「不死人」，但在李日華心中，他確知明成祖苦苦尋訪的「張三丰」，與他所二遇的張邋遢是截然不同的兩位神仙。

⑧沈萬山：《張三丰全集》卷一載：「沈元秀，名秀，字萬三，號三山。明初南中人」「沈萬三者，秦淮大漁戶也。心慈好施，其初僅溫飽。至正十九年，忽遇一羽士，神采清高，龜形鶴骨，大耳圓目，身長七尺餘，修髯如戟。時戴偃月冠，手持刀尺，一笠一衲，寒暑皆然，不飾邊幅。日行千餘里，所啖升斗輒盡，或辟穀數月，而貌轉豐。萬三心異之，常烹鮮暖酒，邀飲蘆洲，苟有所需，極力供俸。偶於月下對酌，羽士謂曰：『子欲聞吾出處乎？』萬三啓請，乃掀髯笑曰：『吾張三丰也。』遂將生世出世，修眞成眞之由敘述一篇，言訖呵呵大笑。萬三聞言，五體投地，稱祖師者，再並乞指教，曰：『塵愚願以救濟，富壽非敢望也。』祖師曰：『雖不敢妄泄眞傳，亦不欲緘默閉道，予已深知子之肺腸，當為作之。』於是置辦藥材，擇日啓煉，七七啓視，鉛汞各道，祖師嗟咄不已，萬三自謂機緣未至。復盡所蓄，並售船網以補數下工，及半忽汞走如焚，茅蓋皆毀，萬三深歎福薄，祖師亦勸其勿為。夫婦毫無怨意，苦留再煉，貲財已匱，議鬻幼女，祖師若為不知，竊喜其志堅，一任所為。令備朱里之汞，招其夫婦至前，出藥少許，指甲挑微芒，乘汞熱投下，立凝如土，復以死汞點銅，錢悉成黃白，相接長生。祖師遂略收丹頭，臨行囑

曰：『東南王氣大盛，當晤子於西南也。』遂入巴中。萬三以之起立家業，安爐大煉，不一載富甲天下，凡遇貧乏患難，廣為周給，商賈貸其貲以貿易者，直遍海內，世謂其得聚寶盆，故財源特沛。斯時世亂兵荒，萬三懼有禍，乃毀丹爐器皿，自號三山道士。至今南京城西南街，即其遷處。會同館即其故居，後湖中地，即其花園舊址也。」

⑨至正丙午九月二十日：一三六六年農曆九月二十日。

⑩窆：墓穴，下葬。

⑪此山當大顯：任自垣《敕建大岳太和山志》載：「洪武初來入武當，拜玄帝於天柱峰。遍歷諸山，搜奇覽勝。常與耆舊語云：『吾山異日與今日大有不同矣。我且將五龍、南岩、紫霄去荊榛，拾瓦礫，但粗創焉。』命丘玄清住五龍，盧秋雲住南岩，劉古泉、楊善澄住紫霄。又尋展旗峰北陲，蔔地結草廬，奉高眞香火，曰『遇眞宮』。黃土城蔔地立草庵，曰『會仙館』。語及弟子周眞德：『爾可善守香火，成立自有時來，非在子也。至囑至囑。』」

⑫世傳太極拳術，乃眞人所傳也：楊露禪從陳長興學得拳技，授徒伊始，一直以來供奉張三豐為祖師爺，楊家傳抄的諸本老拳譜，也一依張三豐之承留遺教。

二水按：中國傳統文化裡，張三豐無疑是最有魅力的一位仙尊。從可資稽考的圖集中得鑒，此仙尊亦神龍見首不見尾者。其弟子丘玄清於洪武十八年（一三八五年）被朱元璋授予嘉議大夫太常寺卿。洪武二十三年（一三九〇年），仙尊已拂袖長往，不知所之了。

洪武二十四年（一三九一年），朱元璋遣三山高道，使於四方，清理道教，說：「見到有叫張玄玄的，可請來見我。」仙尊自是沒理會他。

永樂十年（一四一二年），明成祖朱棣御制詔書，敬奉眞仙張三豐足下，「久慕眞仙，渴思親承儀範」「朕才資疏庸，德行菲薄，而至誠原見之心，夙夜不忘」「數度遣使，遍詣名山致香奉書虔請」「拱候雲車鳳駕，惠然來臨」云。而「道德高尚，超乎萬有，體合自然，神妙莫測」的仙尊張三豐，就是不搭理他。明成祖又敕令從華山找回曾被朱元璋譬作「雖時代不同，朕便是軒轅，爾便是廣成子」的道士孫碧雲，去「眞仙張三豐老師」鶴馭所遊的武當山，創建道場。

數朝皇帝，發願找尋眞仙，且啓動國家工程，大建道觀宮殿，這一舉動，一定會引發群體膜拜效應。各地有關張三豐的仙跡紛湧，而道德高尚的張三豐，始終跡駐黃鶴，渺無影蹤。

於是乎，張三豐籍貫衆說紛紜，寶雞說、沙陀說、懿州說、遼陽說、遼東說、閩縣說、羊城說、天目說、平陽說、黃平說、金陵說，不一而足。張三豐所處年代也各有其說。有劉宋說，有宋元說，有元明說，甚至明中晚期，乃至民國年間或有仙蹤可稽。

近年來，隨著傳統文化的復興，作為對一種文化現象的研究，全國成立了張三豐歷史文化研討會，各大院校研究機構，都有大量的人力物力投入其中，自然也鼓舞各色人等的高昂熱情。有人主張以「張三豐太極拳」作為非物質文化申遺的課題；而張三豐籍貫「邵武說」，風頭正勁。但無論如何，眞仙本尊，蹤跡秘幻，莫可測識，「其能震動天子，絕非妄誕取寵者所可幾者」。

楊家太極拳之祖師於張三豐，在二水看來，就像是木作百工祖師於魯班，梨園祖師於唐明皇，典當、卜卦、絲紡、糕作祖師於關羽關老爺，華夏民族認祖歸宗於炎黃始祖。這是一份文化的積澱與精神慰藉。

誠然，我們知道河姆渡文明，已經有了經典的木作構件；遠在唐明皇之前，夏商周時期，我們的舞蹈藝術已經達到非常高的水準；關羽關老爺也未必是典當、卜卦、絲紡、糕作業的創始人；炎黃始祖，未必與我們每個人的基因有關聯性。但是，這一切，不影響我們對於魯班，對於唐明皇，對於關老爺，對於炎黃始祖的精神皈依。

就像是太極拳，雖然我們至今還不清楚，究竟是什麼年代，究竟是誰第一個將一門拳技形式，稱作了太極拳。

作為一門精妙的內功拳藝，一定是需要千百年的文化積澱；作為高深的太極理論，也一定是經歷了千百年的文化演進；作為太極拳經典標誌的太極圖，也一定是經歷了千百年中外文化的交融與碰撞。但無論如何，這一切的一切，張三豐之於太極拳，就始終像是一份揮之不去的情結，不是誰想否定，就能否定得了；誰想漠視，就能漠視得了的。

另一方面，究其太極拳的傳承源流，就像是傳統大宗族的續修家譜，顯然，我們只能從自身出發，找父輩，再找祖輩、曾祖輩……一代代溯流而上，追探其本，而不能從炎黃始祖開始，一代代往下順流下來，這樣就會迷失自己的家園。

追溯太極拳的傳承源流也一樣，我們不妨從自身的拳技流派出發，由下而上一輩一輩，一代一代地追尋先祖，而不能一味地好古敏求，貿然地從許宣平或李道子等等仙流，一代代地往下找尋自己的身影，這樣一定會迷失自己。

太極拳術源流

拳術有內外家之別，外家傳自少林，內家始於宋之張三丰。三丰為武當丹士，徽宗召之，道梗不得進，夜夢元帝①授之拳法，厥明，以單丁殺賊百餘。三丰之術，百年後，流傳於陝西，王宗岳名最著。傳溫州陳州同，明嘉靖間，傳於張松溪。松溪，恂恂如儒者，遇人恭謹，求其術，輒遜謝。有少林僧數輩，聞其名，至鄞訪之，遇於酒樓。一僧跳躍來蹴，松溪稍側身，舉手送之，僧如飛丸隕空，墜重樓下，幾死，眾僧駭散。

松溪傳於四明葉繼美近泉，近泉傳吳昆山、周雲山②、單思南、陳貞石、孫繼槎。昆山傳李天目、徐岱岳。天目傳余波仲、吳七郎、陳茂宏。雲泉傳盧紹歧。貞石傳董扶輿、夏枝溪。繼槎傳柴元明、姚石門、僧耳、僧尾。思南傳王來咸征南。征南搏人，每點其穴，有死穴、暈穴、啞穴。其術要訣，為「敬、緊、徑、切、勤」五字③。明亡，終身菜食，以明此志，識者哀之。至清傳山右王宗岳。《太極拳論》，宗岳所著也。數傳至河南陳先生長興、蔣先生發。

長興授徒數十人，廣平楊先生露禪，名福魁，傾貲從學④。居數載，與同門諸人較，輒負。偶夜起，聞隔垣有呼聲。越垣，見廣廈數間，破窗隙窺之，其師正指示提放之術，大驚，於是每夜必竊往。久之，盡得其奧妙，隱弗言。長興以露禪誠實，一日召授其意，所言無不領會，長興異之，謂諸徒曰：「傾心授爾，爾不能得，楊生殆天授，非汝等所能及也。」厥後，與同門角，無不跌出丈餘，曰：「吾以報復也」，技成乃歸⑤。長興傳楊露禪、李白魁⑥、陳耕芸諸人，惟露禪最精。

傳其子錤、鈺、鑑⑦，及王蘭亭諸人。大先生錤，早死無傳。二先生鈺，字斑侯，傳萬春、全佑、侯得山、陳秀峰⑧。三先生鑑，字健侯，傳其子兆熊、兆清、兆元、兆林、兆祥⑨、劉勝魁、張義。兆熊，字少侯，傳田肇麟、尤志學等。兆清，字澄甫，傳武匯川、牛春明、閻仲魁等，肇麟等亦從學。許禹生亦從少侯、澄甫研究。予與徐苕雪、陳農先⑩，從澄甫先生學。是編，乃澄甫先生口授，予為筆述焉。全佑傳其子艾紳、夏貴勳、王茂齋。所不知者，尚多遺漏。不及備載。

陳微明　述

【注釋】

①元帝：玄帝，指道教所奉的眞武帝。清初避康熙皇帝玄燁之諱，改「玄帝」為「元帝」。

②周雲山：蓋「周雲泉」之誤。

③「敬、緊、徑、切、勤」五字：此五字係從雍正曹秉仁纂修《寧波府志》卷三十一藝術載之張松溪傳中化出，原文附錄如下，以助談資：

張松溪，鄞人，善搏，師孫十三老。其法自言起於宋之張三峰。三峰為武當丹士，徽宗召之，道梗不前，夜夢元帝授之拳法，厥明以單丁殺賊百餘，遂以絕技名於世。由三峰而後至嘉靖時，其法遂傳於四明，而松溪為最著。

松溪為人恂恂如儒者，遇人恭敬，身若不勝衣，人求其術輒遜謝避去。時少林僧以拳勇名天下，值倭亂，當事召僧擊倭，有僧七十輩，聞松溪名，至鄞求見，松溪蔽匿不出，少年慫恿之，試一往，見諸僧方校技酒樓上，忽失笑，僧知其松溪也，遂求試，松溪曰：「必欲試者，須召里正，約死無所問。」許之，松溪袖手坐，一僧跳躍來蹴，松溪稍側身，舉手送之，其僧如飛丸隕空墮重樓下，幾斃，衆僧始駭服。

嘗與諸少年入城，諸少年閉之月城中，羅拜，曰：「今進退無所，幸一試之。」松溪不得已，乃使諸少年舉圜石可數百觔者累之，謂曰：「吾七十老人無所用，試供諸君一笑，可乎？」舉左手側而劈之，三石皆分為兩，其奇異如此。

松溪之徒三四人，葉近泉為之最。得近泉之傳者，為吳昆山、周雲泉、單思南、陳貞石、孫繼槎，皆各有授受，昆山傳李天目、徐岱岳；天目傳余波仲、陳茂弘、吳七郎；雲泉傳盧紹岐；貞石傳夏枝溪、董扶輿；繼槎傳柴元明、姚石門、僧耳、僧尾，而思南之傳則有王征南。征南名來咸，為人尚義，行誼修謹，不以所長炫人。

蓋拳勇之術有二，一為外家，一為內家。外家則少林為盛，其法主於搏人，而跳踉奮躍，或失之疏，故往往為人所乘。內家則松溪之傳為正，其法主於禦敵，非遇困危則不發，發則所當必靡，無隙可乘，故內家之術為尤善。

其搏人必以其穴，有暈穴，有啞穴，有死穴，相其穴而輕重擊之，無毫髮爽者。其尤秘者，則有敬、緊、徑、勁、切五字訣，非入室弟子不以相授，蓋此五字不以為用而所以神，其用猶兵家之仁、信、智、勇、嚴云。

④傾貲從學：貲，同「資」。微明先生《太極劍》所錄之太極拳名人軼事稱「露禪傾產摯金」云。

⑤長興以露禪誠實……技成乃歸：楊露禪師承陳長興學拳的過從，微明先生在後刊的《太極劍》一書所附錄的太極拳名人軼事一文中，更為詳盡生動：

露禪嘗習外家拳，其後聞河南懷慶府陳家溝陳長興者，精太極拳，露禪傾產摯金，往懷慶從長興學。數年，偶與其師兄弟相較，輒負。夜起溺，聞有聲於牆外，乃越牆往觀其異，見師兄弟輩，群集於廳中，其師口講指授，皆拳中精意也，乃伏窗外竊窺。自後每夜必往。他日，其師兄強露禪與之較，露禪不得已許之，不能勝露禪，眾大驚異。

其師召露禪曰：「吾察子數年，誠樸而能忍耐，將授子以意，明日來予室。」翌日，露禪往，見其師，假寐於椅，而仰其首，狀至不適。露禪垂手立於側，久之不醒，於是以手承師之首，良久，臂若折，而不敢稍移。及其師醒曰：「孺子來耶，予倦睡矣，明日再來。」露禪退，明日復如約而往，其師已陶然入睡鄉矣。露禪屏聲息氣而待之，其師或張目四顧，見露禪俟於旁，無怨色，且加敬焉，又言如前。露禪第三日往，其師曰：「孺子可教也。」於是授之術，令歸習之。後其師兄弟或與之相比，而無有能勝之者。

長興謂其他弟子曰：「予以所有之功夫，與子輩而不能得也，不與露禪而已得之去矣。」露禪學既成而歸，財產已盡。

⑥李白魁：蓋「李伯魁」之誤。其人無傳，生卒不詳。最早刊行的資料中，始見諸一九二一年刊行的許禹生《太極拳勢圖解》上篇太極拳之流派：「時有楊祿蟬先生福魁者，直隸廣平府永年人，聞其名，因與同里李伯魁共往師焉。初至時，同學者除二人外，皆陳姓，頗視異之。二人因而更相結識，盡心研究，常徹夜不眠」云。許禹生之「楊祿蟬」即微明先生之「楊露禪」，微明先生之「李白魁」，也即許禹生之「李伯魁」。

⑦傳其子錤、鈺、鑑：許禹生《太極拳勢圖解》本作：「有子三，長名錡，早亡，次名鈺，字班侯，三名鑑，字健侯，亦曰鏡湖。」許禹生之「錡」即微明先生之「錤」；微明先生之「斑侯」也即許禹生之「班侯」。

⑧二先生鈺……陳秀峯：峯，古同「峰」。許禹生《太極拳勢圖解》本作：「當露禪

先生充旗營教師時，得其傳者蓋三人：萬春、凌山、全佑是也，一勁剛，一善發人，一善柔化。或謂三人各得先生之一體，有筋骨皮之分。旋從先生命，均拜班侯先生之門，稱弟子云。」微明先生之「侯得山」是否即為許禹生之「凌山」，抑或別一其人，存疑之。陳秀峰者，在微明先生《太極劍》一書所附錄的《太極拳名人軼事》一文中，另有傳記：

楊班侯弟子，至今惟有陳秀峰及富二爺二人。秀峰，武清縣人，與澄甫先生同里，余未見之。富二爺住東城炒麵胡同。余聞澄甫先生言，亟往訪之。年七十餘矣，氣態若五十。其子年過五旬，不知者以為昆弟行也。

⑨三先生鑑……兆祥：許禹生《太極拳勢圖解》本作：「三名鑑，字健侯，亦曰鏡湖，皆獲盛名。余從中鏡湖先生遊有年，諗其家世，有子三人，長曰兆熊，字夢祥，仲名兆元，早亡，叔名兆清，字澄甫。班侯子一，名兆鵬，務農於鄉里。」

楊澄甫《太極拳使用法》澄甫老師傳名錄下，有「楊兆鵬」之名，即係許禹生所言班侯之子。楊兆鵬，字凌霄（一八九二——一九三八年），班侯遺腹子，從學於堂兄澄甫先生，隨澄甫先生南下助教。楊振基《楊澄甫式太極拳》云：「老爺子（澄甫）手重，不好打，叫兆鵬叔叔管我們」云。楊兆鵬後由微明先生舉薦，至廣西授拳，客逝異鄉。

而微明先生所言字「兆林」，字振遠，楊鳳侯之子，人稱「楊老振」。楊澄甫《太極拳使用法》祿禪師傳名錄下鳳侯傳子，即有兆林，字振遠。

而微明先生所言字「兆祥」，待考。

⑩陳農先：微明先生的六弟，名曾疇，字農先。

二水按：微明先生生母生八個孩子，老大是姐姐，十二歲病逝；伯兄陳曾壽，字仁先，號蒼虬；微明先生居三，名曾則，字愼先；老四陳曾矩，字絜先；老五曾穀，字詒先；老六曾疇，字農先；老七曾言，字詢先；老八曾傑，字識先。繼母生二個孩子：老九曾餘，字厚先；老十曾潛，字灼先。

太極拳術十要

楊澄甫口授　陳微明筆述

一、虛靈頂勁①

頂勁者，頭容正直，神貫於頂也。不可用力，用力則項強，氣血不能通流，須有虛靈自然之意。非有虛靈頂勁，則精神不能提起也。

【注釋】

①虛靈頂勁：神貫於頂，自有靈趣在其中。虛，若有意若無意，有意無意是眞意。虛，則萬物悄無聲息。靈，也作領，通領全身之意。領了後，方見靈。靈，則一陽易於發動。一氣眞陽，如春雨滋潤萬物，悄無聲息。所謂「人不知我，我獨知人」。頂勁在百會與囟門之間，不能停留，頸部輕貼後衣領，微收領，臉如大象捲鼻，喉頭永不拋矣。如是，督脈氣息如河車逆運，循環往復，周流不息。腳心涵空，蹈之如履薄冰，胸腹掏空，觸之如臨深淵。全身精神領起，神貫於頂，如雞鳴時，引頸捲尾，胸腹通透輕便，了無掛

礙。所謂「如一襲空衣掛於樹梢」者，如此方見上丹田的功夫。

二、含胸拔背②

涵胸者，胸略內涵，使氣沉於丹田也。胸忌挺出，挺出則氣擁胸際，上重下輕，腳跟易於浮起。拔背者，氣貼於背也。能含胸則自能拔背，能拔背則能力由脊發，所向無敵也。

【注釋】

②含胸拔背：在衆多太極拳身法要領裡，對「含胸拔背」的質疑，由來已久。民國十九年唐豪出版《太極拳與內家拳》一書，在其序言中稱：「據有一位學者的誇獎，太極拳的動作是：「最合於生理上之程式，能使身體平均發達」的體育。

這位學者的話，是否有稱譽過當的地方，在運動生理上是一個應該精密討論的問題」「內部呼吸器官的運動，是應該擴胸，而不應該含胸的，這也是運動生理學上不可否認的話。一般太極拳家，卻教人含胸呼吸，而不許人挺胸，這種呼吸運動的價值如何？吾以為是一個應該精密測試的問題。」之後還在正文第八章「太極拳之呼吸」中，以「歐美先進之國民，其體格較我為強，此公認之事實也。

彼等由幼而壯，在學校中所受之體育訓練，類皆挺胸呼吸為由，對太極拳呼吸時「胸須內含」提出異議，並「不禁為民族盛衰前途，抱無窮之隱憂焉！」把批駁「含胸呼吸」上升到了與「民族盛衰」休戚相關的層面上。

唐豪作為太極拳業外人士，其論點畢竟是隔行之言，因此，他的「憂國憂民」沒有引起國民的群和回應，也沒有引起太極拳界的附和與反駁。

一九八六年八月，張義敬出版《太極拳理傳眞》一書，「雅軒老師書信摘錄」一節中摘錄一九六四年十一月二十日李雅軒信函云：「含胸拔背這句話，老論上沒有。這是形意拳、八掛（卦之誤植）掌上的規矩。因為陳微明早先跟孫祿堂練過一段時間的形意拳，後來才跟楊老師學太極拳。陳著的太極拳書上，有太極拳十要，把老論上的些話，反正地說了一些，又添了這句「含胸拔背」，以後練太極拳的人，以為這句話與太極拳也無妨礙，作書的也將這話沿用了，從此就成了練太極拳的規矩了。其實，不是那回事，所以我今告訴你們，對這句話不要過分強調，如強調了，就脫離了自然。

太極拳是以端正為主要的基礎。在這種基礎上，胸腰脊背為了動作的需要，是有時含，有時挺，有時凸，有時凹。這是身勢動態，不能抓著這個含字，就說一定非含不可，成了規矩。」書一刊發，便引起了太極拳界軒然大波。

一九九九年第五期《太極》雜誌，發表了陳龍驤先生《李雅軒先生對〈太極拳體用全書〉的眉批》一文，該文又在《武林》二〇〇〇年第八期以《李雅軒對〈太極拳體用全書〉的批評》為題再次發表。兩文公開了李雅軒先生生前對《太極拳體用全書》一書眉批內容。頓時，整個太極拳理論界猶如被扔進了川菜的紅湯火鍋一般，麻辣香濃，五味雜陳，沸騰開了。李雅軒先生在《太極拳體用全書》的例言前，眉批云：「老論中無含胸拔背之說，只有虛靈頂勁、氣沉丹田，亦無鬆肩垂肘之說。蓋氣沉丹田，一身鬆舒，含胸拔背、鬆肩墜肘自然有之。若單注意去作含胸拔背、鬆肩墜肘，恐與身心舒適有礙。學者不可不慎。尤不可專注意此十要點也。只須注意一身鬆舒，虛靈頂勁，氣沉丹田，則十要點自然有之，而且來得自然。否則必致勉強做出，與自然大有妨礙也。」並將《太極拳體用全書》的諸多「訛誤」，歸結為校訂者鄭曼青先生「學拳未久，不懂拳意，自己想造出來」。

李雅軒先生多次提到的老論，應該是指傳統的太極拳理論。李雅軒先生眉批中對鄭曼青先生的責難，家師金仁霖曾撰文《為〈太極拳體用全書〉正名》，發表在臺灣《太極學報》第二十二期中予以澄清。而「含胸拔背」究竟是不是傳統太極拳理論？是陳微明從形意拳中沿襲而來，還是鄭曼青等楊家弟子「想造出來」？或者說，「含胸呼吸」果眞如唐豪所說只是「太極拳之妖妄」？「含胸」的養生、拳藝上的功效究竟如何？這些問題，二水以為有進一步梳理的必要。

一九三一年，文光印務館出版楊澄甫老師《太極拳使用法》一書。書中數次出現「含胸拔背」相關的文字：「太極拳起勢預備」云：「胸微內含，脊背拔起，不可前俯後仰」；「第四節攬雀尾按法」云：「沉肩、墜肘，坐腕、含胸」；「第六節提手上式用法」云：「胸含、背拔、腰鬆、眼前視」；「第九節手揮琵琶式用法」云：「含胸、屈膝坐實」；「第十五節如封似閉用法」云：「同時含胸坐胯」；「第三十五節高探馬用法」云：「鬆腰、含胸」；「第三十八節左轉身蹬腳用法」云：「含胸、拔背、鬆腰」；「第四十二節進步栽捶用法」云：「胸含，眼前看，則敵自站立不穩」；「第四十八節雙峰貫耳用法」云：「頭頂、腰鬆、背拔、胸含」；「第六十節玉女穿梭頭一手左式用法」云：「頭頂、腰鬆、胸含、背拔、眼前看，則敵自傾」；「第八十八節上步七星用法」云：「拔背含胸，頭要頂勁，眼神往前注視」；「第八十九節退步跨虎用法」云：「拔背含胸，頭頂勁，眼神前看」。

一九三四年二月初版的楊澄甫老師《太極拳體用全書》一書，也多處出現「含胸拔背」相關的文字：「例言」云：「太極拳要點，凡有十三：曰沉肩垂肘、含胸拔背……」；「太極拳起勢」云：「含胸拔背，不可前俯後仰」；「攬雀尾按法」云：「沉肩垂肘，坐腕，含胸」；「提手上式」云：「胸含背拔，腰鬆眼前視」；「手揮琵琶式」云：「我即含胸、屈右膝坐實」；「如封似閉」云：「同時含胸坐胯」；「高探馬」云：「鬆腰含胸」；「右分腳」云：「含胸拔背，定力自足」；「轉身蹬腳」云：「含胸拔背，鬆腰，尤須虛靈頂勁」；「進步栽捶」云：「胸含，眼前看，尤須守我中土為要」。

《太極拳使用法》一書由楊澄甫著，董英傑先生編述，《太極拳體用全書》也係楊澄甫著，由鄭曼青校。鄭曼青在校此書時，只是在《太極拳使用法》一書的基礎上，做些文辭上的修飾，除了「右分腳」式，《太極拳使用法》一書中沒有「含胸」字樣，而《太極拳體用全書》增加了「含胸拔背，定力自足」之外，《太極拳體用全書》的雙峰貫耳、玉女穿梭、上步七星、退步跨虎四式中，反而剔除了「拔背含胸」等作為普遍身法要領的相關文辭的贅述。由此可見，李雅軒先生就此問題上責難鄭曼青先生「學拳未久，不懂拳意，自己想造出來」，顯然是不符合實際的。

一九四八年八月初版董英傑自編的《太極拳釋義》一書，在「經驗談」一節之「七提頂吊襠」中談到：「收勁時胸要稍稍含虛，發勁時要天柱微直，切不可含胸駝背」，書中尚有數處談及「涵胸」或「涵胸拔背」；「太極起式」：「練拳不可閉口藏舌，又不可時時涵胸拔背。此法是有時間性者。到收回時才可涵胸。有涵胸自然有拔背。千萬不可自作拔背駝形為要」；「攬雀尾攦式」：「兩掌距離尺許，向左涵胸拉回（即是攦）」；「如封似閉」：「右腿與身形同時縮回，有涵胸意」。

而微明先生筆述的此則「含胸拔背」之外，在下文書中所描述太極拳式的所有動作要領時，絲毫不提「含胸」或「含胸拔背」。無獨有偶，鄭曼青編著《鄭子太極拳自修新法》一書，書中「功架三十七式之分釋及圖解」，詳細描述了拳架中每招每式的動作要領，而對「含胸」的要領，也只在第一式中稍有涉及：「立定時，頭宜正直……含胸而使其氣沉丹田……」全書其餘各式均不再談及。「含胸而使其氣沉丹田」，顯然是從陳微明先生「涵胸者，胸略內涵，使氣沉於丹田也」句化出。

對比上列著作中「含胸」「含胸拔背」的相關文辭，我們不難發現，董英傑、陳微明、鄭曼青等先生所自編的著作中，無論用詞習慣，還是對此技術要領的理解，均與楊澄甫老師的兩書風格迥異。由此也不難判定，楊澄甫老師《太極拳使用法》《太極拳體用全書》中的「含胸」「含胸拔背」相關文字，不可能是陳微明、或董英傑、或鄭曼青所纂入，而是《太極拳使用法》編撰之前楊家所藏底本初稿中原有的動作要求。

孫祿堂五大拳學理論中，有含胸的闡述，但找不著「含胸拔背」連用的現象，而且更找不著「拔背」兩字。但是，含胸拔背的要義，依然能在孫老的五大武學著作中隨處可見。《形意拳學》總綱第五節「形意演習之要義」中，孫老先生談到形意拳演習之要，云：「一要塌腰，二要縮肩，三要扣胸。四要頂，五要提，六橫順要知清，七起鑽落翻要分明」，此要義中，以「塌腰」來帶動「拔背」，以「縮肩」「扣胸」來替代「含胸」。孫老先生云：「塌腰者，尾閭上提，陽氣上升，督脈之理也；縮肩者，兩肩向回抽勁也；扣胸者，開胸順氣，陰氣下降，任脈之理也。」孫老雖然沒有直接使用「含胸拔背」，其實透過這三要，已經闡明了「含胸拔背」的要義。

此七要，在孫老編著的《八卦拳學》第三章「入門練習九要」中，改作了九要。「九要者何？一要塌，二要扣，三要提，四要頂，五要裹，六要鬆，七要垂，八要縮，九要起鑽落翻分明。」在胸背的要求上，除了「扣」「縮」之外，又強調「鬆」字。這裡的「鬆」，講的是開肩的概念。他說：「鬆者，鬆開兩肩，如拉弓然，不使膀尖外露也。」兩肩鬆開，如拉弓狀，二水以為重點在於鎖骨往左右兩端有拉開之意，一方面兩手之間似有聯絡，另一方面，也便於胸腹全然地掏空，周身靈通。第八章「兩儀學」第二節中，對「縮肩」有明確的解釋，他說：「兩肩似乎有往回縮勁之意，亦謂之含胸也。」第九章「四象學」之第三節云：「兩肩雷根亦均往回縮力，亦是含胸之意。」同章第六節云：

「兩肩前後極力縮住勁，兩胯前後雷根亦極力縮住勁，此時腹內要似覺圓圈空虛一般，若是，方能得著拳中之靈妙。」同章第七節云：「內中何以能虛空之意？即著兩肩兩胯雷根，皆往回縮勁，則胸中自然有虛空之意，而腹內亦不能有努氣擁擠之患也。」第十五章「艮卦熊形學」裡談到拳之順謬時說：「其拳謬，則丹田之陽，不能生於背脊，而胸內不能含合，心火亦不能下降矣。」孫老詳細闡述了含胸的訓練方法，還從正反兩方面指出了含胸之於拳藝的深遠意義。

他的《太極拳學》裡，雖然也反覆強調兩肩雷根與兩胯雷根即速往回縮勁，腹內要圓滿虛空等，但是通篇不見「含胸拔背」字樣。

由此看來，孫老五大學著中，雖然隨處可見含胸拔背的要領，但卻找不出含胸拔背的說辭。由此足證：此「含胸拔背」四字，不屬於孫家拳藝之習慣用語。那麼將此四字，說是「陳微明早先跟孫祿堂練過形意拳」，採自孫家，而「添了這句含胸拔背」。李雅軒老師的這種說法，也未必站得住腳。

那麼，「含胸拔背」，究竟從哪裡來的呢？其實，「含胸」，是陳氏太極拳的重要理論。陳鑫在第二勢懶擦衣中圖說云：「胸間鬆開，胸一鬆，全體舒暢」；第六勢摟膝拗步圖說云：「胸如鞠躬向前微彎，四面涵住」；第十三勢庇身捶圖說云：「胸要含蓄，用合精合住」；第十五勢肘底看拳圖說云：「胸要含住精，又要虛」；第三十七勢前昭圖說云：「胸向前合」，第三十八勢後昭圖說云：「胸微彎如磬」，第四十二勢懶擦衣圖說云：「胸要虛含如磬」，第四十三勢單鞭圖說云：「胸微合住，作包含勢」，第五十四勢懶擦衣圖說云：「胸向前合住精，胸微彎，自然合住」；第六十四勢當頭炮圖說云：「胸要向前合住，空空洞洞，萬象皆涵，極虛」。

陳鑫雖反反覆覆強調含胸要領，但是細細究來，只是對含胸外在形態的描述，並不是切實有效的訓練方式。較之孫老先生的上述理論，其一為旁觀者言，其一係練家子言，不作同日而語。倘若按照陳鑫「胸向前合」「胸微彎如磬」，太極拳將成為「彎轉拳」了，嘉興人俗稱河蝦為「彎轉」，練太極拳者，長此以往，一個個都成了弓背如蝦了。

武禹襄從楊露禪學拳十數年後，得王宗岳《太極拳論》，復受李呈芬《射經》身法要領之啓發，制定了太極拳身法八要，云：「涵胸、拔背、裹襠、護肫、提頂、吊襠、騰挪、閃戰」。「閃戰」疑為「閃賺」之誤。涵胸、拔背，顯然從《射經》：「胸悪前凸，背悪後偃」中化出。李亦畬老三本之《啓軒藏本》內附「虛實陰陽圖」，胸口部位像是剖面圖，胸口凹陷如玉玨，形狀十分誇張。兩旁各寫「運」與「動」字樣，直觀而又形象地解密了太極拳涵胸拔背的要義。

之後，武禹襄的「涵胸拔背」連同他從舞陽鹽店所得的王宗岳《太極拳論》以及他的《打手要言》心得等，從此也成了楊家太極拳早期的重要理論。受武禹襄身法八要的影響，太極拳涉及胸背部位的要領，由「涵胸、拔背」，改作「含胸拔背」，也就自然成了楊式太極拳重要的身法要領之一。

民國十六年文華圖書印刷公司初版的徐致一先生編著的《太極拳淺說》一書，第五章「太極拳與生理之關係」中，從「增強不隨意肌之運動力」角度，闡述了「涵胸拔背」的重要性。他說：「太極拳對於軀幹部分之姿勢，其最要者曰『涵胸拔背』，涵胸者，乃使心窩微向內凹，俾內部橫膈板，因胸膛向內壓迫，自然降下，以為沉氣之助也。拔背者，乃使背部微如弓背之突出，俾脊柱之背椎部分，可有前挺式淺弓形，練成後挺式淺弓形，俾背椎部分因前後皆能運動，而無形中脊柱全部可使回復初生時之垂直性。」

在當時的歷史背景下，徐致一先生能夠從「隨意肌」與「不隨意肌」的角度來分析「含胸拔背」的重要性，實屬首創性的見解。

由此可見，無論「含胸」還是「涵胸」，已經成了陳、楊、武、孫、吳諸派太極拳的共同身法要領。

針對唐豪「內部呼吸器官的運動，是應該擴胸，而不應該含胸的，這也是運動生理學上不可否認的話」的論點，一九六一年二月十六日（年初二）下午，金仁霖老師在張晉良醫師的陪同下，到上海紡織第一醫院放射科（該院放射科主治醫師田淑儀，即張晉良醫師的太太），去測試「腹式順、逆呼吸的X光透視觀察」。順式呼吸，採取唐豪所說的「內部呼吸器官的運動，是應該擴胸」的概念，即，吸氣時，擴胸，呼氣時回復正常。而逆式呼吸，則是採用吸氣時，斂腹含胸，呼氣時回復正常的呼吸法。

觀察結果是，無論是逆式呼吸還是順式呼吸，吸氣時，胸膈肌呈下降狀態，呼氣時，胸膈肌呈上升狀態。為此，將胸膈肌上下升降的距離，稱為胸膈肌運動的動程，以測定兩種呼吸的資料。經進一步透視觀察，得到的資料為：在極度呼吸時，順呼吸膈肌動程七・二公分，逆呼吸膈肌的動程九・二公分，兩者相差二公分；在一般正常呼吸時，順呼吸膈肌動程四公分，逆呼吸膈肌動程六・四公分，兩者相差二・四公分。不論是極度呼吸還是一般正常狀態下的呼吸，就胸膈肌上下升降的動程而言，逆式呼吸，都要比順式呼吸動程大。

根據生理學常識，胸膈呈鐘罩狀，靜止時原本隆起，介於胸腔和腹腔之間，構成胸腔的底。吸氣時，隨著吸氣肌（膈肌與肋間外肌）收縮，胸膈隆起的中心下移，從而增大胸腔的上下徑，使得胸腔和肺容積增大。胸膈下移的距離就是金老師測定的動程。通常膈肌下降一公分，胸腔和肺容積可以增大二五〇~三〇〇毫升。吸氣，因為需要調動胸膈肌與肋間外肌的收縮，所以吸氣是主動的。呼氣時，不是由呼吸肌收縮引起的，而是由膈肌和肋間外肌舒張的結果，肺依靠本身的回縮力量，而得以回位，並牽引胸廓縮小，恢復吸氣開始的位置。因此，呼氣是被動。

在逆腹式呼吸的吸氣時，隨著斂腹含胸，伴隨著胸肋軟骨與胸骨的下陷，促使膈肌與肋間外肌的運動幅度增大，從而使得膈肌下降的動程增大。胸膈像活塞一樣的下行，使得肺在肋條肌神經支配下，帶動肺泡，往胸腔橫下、腹部縱深向擴張。而擴胸式的順式吸氣，隨著吸氣時的鼓腹、擴胸，腹腔擴大了，胸腔無法往縱深擴張，也不能往胸腔橫向擴張，因而，膈肌的動程受到了限制。唐豪所謂「內部呼吸器官的運動，是應該擴胸」，顯然是外行露底之言。

由此可見，吸氣時斂腹含胸，呼氣時回復正常，準確掌握這樣一種逆式呼吸法，促使胸膈動程增大，以增大肺活量，這對健身的意義非常大。徐致一先生在民國十六年初版《太極拳淺說》一書中，涉及含胸拔背的生理機制的這些論點，二水以為非常具有前瞻性。他說：「惟人體肌肉有隨意肌與不隨意肌之分。隨意肌常隨意識而運動，不隨意肌則屬自動性質，而不受意識之指揮。欲增加不隨意肌之運動力，除功深之人，能利用心理作用外，初學之人，則非藉重於適當之姿勢不可。」

太極拳作為內功拳的一種，首先是訓練「內動」為要的。如何讓原本不受意識指揮的不隨意肌，也隨著「適當之姿勢」而增大其運動量，顯然是太極拳「內動」所要解決的問題。「隨意肌」是聽命於人的意志控制，以骨骼肌為主，控制軀體的隨意活動，以適應外界環境。「不隨意肌」，指沒有意志參與的，譬如平滑肌和心肌等，這些肌肉作用，使許多內臟器官具有自動性。

醫學上說，除了人的中樞神經系統之外，人的外周神經系統分成兩套，其一是軀體神經系統，又稱「動物性神經系統」。這一神經系統通過感覺神經纖維、運動神經纖維來調控人的四肢百骸。「隨意肌」就受命於「動物性神經系統」的調控。另一套外周神經系統叫內臟神經系統，又稱「植物性神經系統」。這一神經系統，不受意識的調控，而是有著自主運動的特徵。這一神經系統，由交感神經和副交感神經兩個子系統，對內臟肌和腺體的神經支配，對循環、消化等植物性功能進行控制、調節。

那麼，如何透過增加「不隨意肌」的運動量，或者調控自身的情緒、心態，進而來調節植物性神經系統，抑制或興奮植物性神經的作用，進而使得人的身心，時刻處於最佳狀態，這便是太極拳「內動」所昭示的更為深層次的含義了。

二水將太極拳定位在「一門調控身心的學問」，其本質含義，正在於此。太極拳運動，透過拳架、推手等訓練，不但調控自己的身心，還能調控對手的身心。這層含義，將日漸被太極拳愛好者所認識到。

含胸拔背的技擊作用，更是顯而易見的。吳修齡謂石敬岩槍法，以對紮入手，須厚縛紙竹於肋下，革戳苦功三年者，形似鑾練，實則道破內功捷要。以槍對紮，即便厚縛紙竹，以護胸肋，久亦內傷。惟以胸肋貼背，下沉入地，槍接地氣，方能「致人而不致於人」。孫老先生謂：「塌腰者，尾閭上提，陽氣上升，督脈之理也；縮肩者，兩肩向回抽勁也；扣胸者，開胸順氣，陰氣下降，任脈之理也」，從任督二脈的角度，來談論含胸拔背的拳藝意義。「兩肩前後極力縮住勁，兩胯前後裡根亦極力縮住勁，此時腹內要似覺圓圈空虛一般，若是，方能得著拳中之靈妙」「內中何以能虛空之意？即著兩肩兩胯裡根，皆往回縮勁，則胸中自然有虛空之意，而腹內亦不能有努氣擁擠之患也」「其拳謬，則丹田之陽，不能生於背脊，而胸內不能含合，心火亦不能下降矣」，孫老從正反兩方面指出了含胸之於拳藝的深遠意義。

含胸拔背的技擊含義，楊澄甫老師講得更為淺白，更為徹底，他說：「能含胸，則自能拔背；能拔背，則能力由脊發，所向無敵也。」李亦畬《五字訣》之「三曰氣斂」云：

「務使氣斂入脊骨，呼吸通靈，周身罔間，吸為合為蓄，呼為開為發。蓋吸則自然提得起，亦龠得人起。呼則自然沉得下，亦放得人出。此是以意運氣，非以力使氣也」，道盡了含胸拔背之於太極拳的技擊含義——「吸提呼放」之奧秘。

一九六四年，葉大密老師在為上海中醫文獻研究館撰寫《醫療保健太極拳十三式》時，在第一章第三節「練習太極拳的基本要點」中，分別以（五）斂腹含胸、（六）拔背頂勁兩條，詳細闡述了「含胸拔背」的訓練方法以及醫療、拳藝上的作用。行文至此，二水抄錄此節文字，以饗同好者：

斂腹含胸是一個動作的兩個方面。斂腹是在吸息時將腹壁有意識地略為收縮，使和膈肌的收縮下降結合起來。含胸是緊接著斂腹，使胸部肌肉放鬆，胸骨正中第三、四肋間隙玉堂穴和膻中穴中間稍微有內吸的意思，這樣可使胸廓下部得到充分的擴展，有利於肺活量的增加。斂腹含胸時腹壓降低，丹田向上合抱，使內氣從尾閭沿脊柱第四胸椎棘突間的身柱穴處提斂，這就是古人所說的「斂入脊骨」。斂腹含胸一般是在動作開始或轉換變化時行之，在技擊上是一個走化或蓄勢的動作。對初學的人來說，只能先從外形的斂腹含胸著手。結合呼吸的提斂內氣，可以留在後一步來做，避免發生偏差。

拔背頂勁也是一個動作的兩個方面。拔背是在呼息時使兩側背部的肌肉群，如骶株肌、棘肌、半棘肌等，由下而上地依次拉伸一下，然後豎起身軀，則在脊柱第四胸椎棘突間的身柱穴處，就有往上拔起的感覺。頂勁是緊接著拔背，由頭棘肌的作用，鬆鬆豎起頭頂，抬頭向前平看，頭頂百會穴處有凌空頂起的意思。拔背頂勁時，可使由斂腹含胸時提斂至脊骨身柱穴處的丹田內氣，再從身柱穴沿督脈上升到百會，經前頂、神庭、印堂而齦交，由舌抵上齶的作用，接通任脈承漿，再沿任脈而下，回歸小腹。這時丹田落歸原位，膈肌上升恢復原來隆凸狀態，腹部內壓力增加，腹肌放鬆而有飽滿舒暢的感覺。這就是古人所說的「氣沉丹田」。這裡應該注意的是：氣沉丹田是配合著拔背頂勁的動作，並不單獨存在。是意識引導丹田內氣的作用，不是用力屏住呼吸住下硬壓。拔背頂勁，一般是在動作的終了或成定式時行之。在技擊上是一個放勁的動作。

三、鬆腰③

腰為一身之主宰，能鬆腰，然後兩足有力，下盤穩固。虛實變化，皆由腰轉動，故曰「命意源頭在腰隙」。有不得力，必於腰腿求之也。

【注釋】

③鬆腰：古人腰胯不分，以「腰隙」「腰間」或「腰膝」通概之。後學者不明腰胯之

別，動輒搖腰扭臀，貽誤殊多。腰不宜前俯後仰的搖動，臀部不能左右扭擺。水蛇腰，中軸易彎，胯也不得靈便。扭臀腰背輒宜為人制。「落胯」之「落」，係「落實政策」之「落」。《爾雅》訓詁：落，始也。腰宜鬆塌，胯便找著了原先固有的位置。胯一旦找到了自己的位置，盆骨就能擺正，命門就略微外凸，脊背「上下如一線串起」。立身如置高凳狀，兩胯方能靈便，活如車輪。

田本《楊家傳抄老拳譜》云：「車輪二，命門一，纛搖又轉，心令氣旗，使自然，隨我便。」腰胯分離後，身軀如磨盤呈上下兩盤，「磨轉心不轉」，講的是上半身轉腰時，胯部依然如坐高凳之上，不能扭動臀部，所謂上盤轉動，下盤相對不動；另外，上盤轉動時，其實也不是腰在轉動，而是身軀內的「軸線」帶著腰在轉動。而這裡的軸線，就像是鉸鏈中的軸線，鉸鏈的開合，軸線是不隨之而動的。

收臀、斂胯、提肛，目的是盆骨擺正，命門略微外凸。如此，下丹田成矣。田者，基也。基者，灶也。有了灶，盆骨擺正了，方能煉丹。仙道之流，百日築基，其實也只是此番要領。此為下盤功夫。

四、分虛實④

太極拳術，以分虛實為第一義。如全身皆坐在右腿，則右腿為實，左腿為虛。全身坐在左腿，則左腿為實，右腿為虛。虛實能分，而後轉動輕靈，毫不費力。如不能分，則邁步重滯，自立不穩，而易為人所牽動。

【注釋】

④分虛實：即要求兩肩胯所內涵的兩根虛擬的「軸」，像圓規兩腳一樣，分清虛實，且可以相互變換虛實。「退圈容易進圈難，不離腰頂後與前」，講的就是前後「腰頂」的變化法則。實軸是研，是天平的根株也。虛軸在實軸「研」動下，構成了氣如車輪的「圜」。所以，當拳勢右向運轉時，必定以右側的肩胯為「研」，以帶動左側身形氣如車輪的「圜」；當拳勢左向運轉時，必定以左側的肩胯為「研」，以帶動右側身形氣如車輪的「圜」。兩「圜」就像兩個大車輪，帶動身形的進退顧盼。雖然有兩個車輪，但在拳勢運行中，始終只是或左或右，或虛或實，像左右變換車輪的獨輪車，其實始終只有一個車輪在發揮效用。「車輪兩，命門一，纛搖又轉，心令氣旗，使自然，隨我便」，兩車輪在虛實變化時，作為指揮兩車輪變化的「樞機之軸」，就像軍營中指揮作戰的大旗（纛），在「不離腰頂後與前」時，一定會有些許的「搖又轉」。

這一現象，倘若體現在推手之中，就會出現「斷接俯仰」的現象。解決「斷接俯仰」處的細微變化，就成了推手中眞假懂勁的關鍵之處。手，是天平的託盤，拳者，權也。就太極拳運動形式而論，兩軸互為虛實，研圜相生、圜研相合，身形隨著兩軸互換的「搖又轉」中，極其舒展之能，兩手如天平的託盤一般，尺寸分毫，感知運動變化之妙，成了推手中最重要的身形法則。如是方能如孫祿堂所說：「在各式圜研相合之中，得其妙用矣」。

五、沈肩墜肘⑤

沈肩者，肩鬆開下垂也。若不能鬆垂，兩肩端起，則氣亦隨之而上，全身皆不得力矣。墜肘者，肘往下鬆墜之意。肘若懸起，則肩不能沈，放人不遠，近於外家之斷勁矣。

【注釋】

⑤沈肩墜肘：沈肩墜肘的目的，旨在將手上的各個關節，要求節節分散，然後節節貫穿，落實到肩肘腕指，應做到：開肩、墜肘、立腕、腆掌、舒指。目的是勁路暢通。「其根在腳，發於腿，主宰於腰，形於手指，由腳而腿而腰，總須完整一氣」，同時，氣血也隨之下行。氣血布於全身，勁路達於四梢。

沉肩的「沉」，容易誤解為「塌」，所以不妨有「開肩」意。開肩，旨在含胸，鎖骨往兩邊對拉，略微撐開如門閂，肩背的勁路達於肘尖。此乃鎖骨之「鎖」意，黃百家云：「斗門深鎖轉英豪」。

墜肘，旨在肘的敏捷，如長眼耳，也便於勁路達於手腕。立腕旨在肘的相對定位，勁路得以貫穿掌跟。腆掌，旨在涵空掌心，勁路達於指尖。舒指，旨在牽動鵲星，意念隨之達於對手中軸後某一點，如呼雲邀月。如是使得完整一氣。

六、用意不用力

太極論云⑥：「此全是用意，不用力」，練太極拳，全身鬆開，不使有分毫之拙勁，以留滯於筋骨血脈之間，以自縛束⑦，然後能輕靈變化，圓轉自如。或疑不用力，何以能長力？蓋人身之有經絡，如地之有溝洫，溝洫不塞而水行，經絡不閉而氣通。如渾身僵勁，充滿經絡，氣血停滯，轉動不靈，牽一髮而全身動矣。若不用力而用意，意之所至，氣即至焉。如是氣血流注，日日貫輸，周流全身，無時停滯。久久練習，則得真正內勁。即《太極拳論》中所云：「極柔軟，然後能極堅剛」也。太極功夫純熟之人，臂膊如綿裹鐵，分量極沉。練外家拳者，用力則顯有力，不用力時，則甚輕浮，可見其力，乃外勁浮面之勁也。外家之力，最易引動，故不尚也。

【注釋】

⑥太極論云：蓋指李亦畬之《五字訣》。「此全是用意，不用力」句，出自李亦畬《五字訣》之「心靜」。原文作：「心不靜，則不專，一舉手，前後左右全無定向，故要心靜。起初舉動，未能由己，要息心體認，隨人所動，隨屈就伸，不丟不頂，勿自伸縮。彼有力，我亦有力，我力在先。彼無力，我亦無力，我意仍在先。要刻刻留心，挨何處，心要用在何處，須向不丟不頂中討消息。從此做去，一年半載，便能施於身。此全是用意，不是用勁，久之，則人為我制，我不為人制矣。」

⑦束：當作「束」。

七、上下相隨

上下相隨者，即《太極拳論》中所云：「其根在腳，發於腿，主宰於腰，形於手指。由腳而腿而腰，總須完整一氣」也。手動腰動足動，眼神亦隨之動，如是方可謂之上下相隨。有一不動，即散亂矣。

八、內外相合

太極所練在神，故云：「神為主帥，身為驅使」⑧。精神能提得起，自然舉動輕靈。架子不外虛實開合。所謂開者，不但手足開，心意亦與之俱開。所謂合者，不但手足合，心意亦與之俱合。能內外合為一氣，則渾然無間矣。

【注釋】

⑧神為主帥，身為驅使：源出武禹襄《打手要言》解曰：「心為令，氣為旗，神為主帥，身為驅使。所謂「意氣君來骨肉臣」也。」

二水按：十三勢行工歌之「意氣君來骨肉臣」句，誤解最深。後世學者，不知君臣綱常，或將語詞改作「意氣均來骨肉沉」，自作解人。其實武禹襄「心為令，氣為旗，神為主帥，身為驅使」句，已將心、氣、神、身軀之間的君臣綱常，闡述得至為詳盡。後文「解曰」中又反覆強調「先在心，後在身」。

楊氏傳抄本「十三勢行工心解」中，整合武禹襄的解曰中注解「命意源頭在腰隙」「屈伸開合聽自由」語意，排比成：「以心行氣，務令沉著，乃能收斂入骨。以氣運身，務令順遂，乃能便利從心」，將「意氣」與「骨肉」之間的這對「君臣」關係，闡述得十分具有可操作性。

九、相連不斷

外家拳術，其勁乃後天之拙勁，故有起有止，有續有斷，舊力已盡，新力未生，此時最易為人所乘。太極用意不用力，自始至終，綿綿不斷，周而復始，循環無窮。原論所謂「如長江大河，滔滔不絕」，又曰「運勁如抽絲」，皆言其貫串一氣也。

十、動中求靜

外家拳術，以跳躑為能，用盡氣力，故練習之後，無不喘氣者。太極以靜禦動，雖動猶靜。故練架子，愈慢愈好，慢則呼吸深長，氣沉丹田，自無血脈僨張⑨之弊。學者細心體會，庶可得其意焉。

【注釋】

⑨僨張：指血脈擴張突起，心動過速。紀昀《閱微草堂筆記・如是我聞三》：「夫金石燥烈，益以火力，亢陽鼓湯，血脈僨張，故筋力倍加強壯。」

太極拳式

閱以下說明，參觀附圖，尤為明瞭①。

攬雀尾

向南正立，兩足平行分開，與兩肩齊②。眼向前視，兩手下垂。此太極未動之形式也。如第一圖。

兩手毫不著力，向前向上提起，提與胸平，手心向下。兩臂稍屈，不可太直，與腰同時下沉。左手轉至丹田，手心向內，向前伸出（此即是掤），略與胸齊。右手同時向右、向下分開，手心向下，五指向前。左足同時直向

圖1　攬雀尾

前進，此時全身坐在左腿，右足伸直不動，左實右虛。如第二圖。

右手隨腰，同時轉至左手處，手心隨轉向上；左手亦隨腰轉，手心隨轉向下，兩手如捧一圓球。右足往西邁，足尖正向西，與左足略成丁字形。右手左手隨腰、隨右腿，同時向西圓轉，右手在前，左手在後，右手心向上向內，左手心向下向外，如抱圓球。眼亦隨向西視。

此時全身坐在右腿，左腿伸直。凡兩足之距離，人之長短不同，以各人之最適處為度。

右手與左手，隨腰往右圓轉，右手心隨轉向下，左手心隨轉向上，右手在上，左手在

圖2　攬雀尾

圖3　攬雀尾

下，與腰同時往回收。全身坐在左腿（此即是擺），左腿變實，右腿變虛。如第三圖。

右手隨動，手心隨轉向後向內；左手隨動，手心隨轉向前向外，左手心距離右手脈門二寸許（此即是擠），兩手同時向西擠出。腰亦隨之前進，至右腿變實，左腿變虛。如第四圖。

兩手與腰與腿，同時往回鬆，兩手收回時，略向上提，手尖向前，手心向下，收至左腿坐實③，兩手復同時往西按出，兩手心向外，手尖向上，垂肩墜肘，略與胸齊（此即是按）。右腿復實。如第五圖。

圖4　攬雀尾

圖5　攬雀尾

單鞭

兩手與腰、與腿，復同時往回鬆。右手屈回，如畫一小圓規，復往西鬆直，五指旋即垂下，變為吊手。左手與右手同時屈回，由左而右，如畫一大圓規，轉至右肩時，手心向內。右足向西者，將足跟轉使向南④，全身坐於右腿上。此時左足亦同時向東邁去，足尖略偏於北；此時右足跟亦同時轉動，足尖略向東南，全身坐於左腿上，左腿變為實。左手隨動隨轉，變成朝外，往東變成單鞭，與左足同一方向。右腿伸直，眼神隨之。如第六圖。

圖6 單鞭

提手

左足跟轉向南⑤，左右兩手同時相合，隨腰轉向西南。右手略前，左手略後，兩手心相對，沉肩墜肘，須鬆開捧起，不可有夾勁。右足同時提向西南，後跟點地，足尖略翹起。眼神亦隨之。此式左腿為實，右腿為虛。如第七圖。

白鶴亮翅⑥

右足略進半步踢實，使足尖向東南，全身隨坐在右腿上。兩手與腰同時而轉，右手轉下，手心向上；左手轉上，手心向下，兩掌斜對如抱圓球，隨即分開。右臂隨腰向西南，往上提起，眼神隨之，提至右手心轉向外，眼神漸漸轉向東；左手同時往左分，轉至手心向下。左足隨提前，腳尖點地，正對東向。此勢右腿變實。如第八圖。

圖7　提 手

圖8　白鶴亮翅

左摟膝拗步⑦

腰往下鬆，右手心轉向後⑧，隨腰下垂，往後圓轉而上，轉由右耳邊按出；左手同時隨腰而上，由胸前往右，摟至左膝外，手心復向下。左足同時隨往東邁，腰隨手前進，至左腿變實。如第九圖。

手揮琵琶式

右足略提起，隨落下。右手隨身之落勢，收回在後；左手隨身，提起在前，兩手心相對，如抱琵琶。沉肩墜肘，鬆開捧起，不可有夾勁。左足隨身收近，足跟點地，足尖翹起，

圖9　左摟膝拗步

圖10　手揮琵琶式

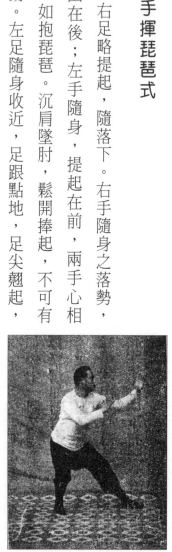

右腿仍實。如第十圖⑨。

左摟膝拗步⑩

仍鬆腰，左手摟膝，右手往後圓轉，隨身往前按出。左腿變實。如前第九圖。

【注釋】

①明瞭：瞭，目睛明也，清晰。

②兩足平行分開，與兩肩齊：指兩腳平行步站立時，兩腳的間距，應與兩肩內側同寬。倘若理解為兩肩外側的寬度，那麼兩腳就會有力支撐，腳踝骨就不易放鬆，鬆腰落胯的要領，也就難以達成。

③兩手與腰與腿……收至左腿坐實：此節文辭精煉之至。兩手與腰與腿，往回時，用一「鬆」字，蓋唯有「認真」於四正規矩手的人，方能會心的。此一「鬆」字，像是中國傳統繪畫中的大寫意，形態簡潔神妙，筆墨洗練豪放。而「兩手收回時，略向上提，手尖

向前，手心向下」一節，則像是工筆，能精確摹狀形態。在四正規矩手中，擠勁時，右腳在前為實腳，左腳在後為虛腳，而按勁的全過程，則是需要將後坐的身軀，整體地向前坐實，由此可見，擠勁至按勁之間，在拳架的銜接上是需要補充一個過渡動作的，否則兩動之間就顯得唐突。誠如《太極拳刀劍杆散手合編》所說：「然於掤攦擠按外，尚須有一化字，否則不能連貫。」此往回「鬆」字，在化盡對手勁力，保護自身中軸的同時，讓自身身形擺正，也為下一勢的按勁做足了準備，拳勢的「掤攦擠按」，在四正規矩手中，終得以「掤攦擠化按」，而環環相扣，勢勢相承。

④將足跟轉使向南：後附之校正表中更正為「將足跟轉動，使足尖向南」。

二水按：「足跟轉」，今人語境中，容易誤解成「足跟轉動」。其實，應該理解為以足跟為圓心，作「研」，以腳尖轉動，作「圜」，變動的是腳尖的方向。

⑤左足跟轉向南：此節也應更正為「左足跟轉動，使腳尖向南」。

⑥白鶴亮翅：對照許禹生《太極拳勢圖解》、微明先生《太極拳術》，乃至楊澄甫老師《太極拳使用法》《太極拳體用全書》，楊澄甫老師白鶴亮翅的定勢與他退步跨虎的定勢幾乎相同。

二水按：中國書店《太極拳選編》的白鶴亮翅之第八圖，採用此書退步跨虎之第四十八圖，而退步跨虎圖，則採用此白鶴亮翅之第八圖。兩圖顛倒混用。

許禹生《太極拳勢圖解》中的白鶴亮翅圖一，也依據此書第四十八圖楊澄甫老師的退步跨虎照為摹本勾勒成圖的。許禹生《太極拳勢圖解》的退步跨虎圖，則依據此第八圖楊澄甫老師白鶴亮翅拳照為摹本勾勒成圖的。兩圖、兩照片之間，外在的形態極其相似，只是由於其一是進步、其一為退步，照片在拍攝時的取景距離略有差異。神行上，退步跨虎的臉部更為內斂一些。所以依然可以看出，兩拳勢採用的是兩張不同的照片。

而楊澄甫老師的《太極拳使用法》和《太極拳體用全書》，兩書均採用楊澄甫老師晚年的同一套拳照，有趣的是，兩書中白鶴亮翅與退步跨虎的照片，居然採用同一幀照片。

⑦左摟膝拗步：中國書店《太極拳選編》本，此拳勢名為「摟膝拗步」。拗，古同「拗」。後同，不另注。

⑧右手心轉向後：中國書店《太極拳選編》本作「右手心轉向外」。

二水按：上式白鶴亮翅定勢中，「右臂隨腰向西南，往上提起，眼神隨之，提至右手心轉向外」，右手手心已經向外了，轉為左摟膝拗步時，隨腰下鬆，右手也隨之下垂時，倘若手心依然向外，整根右手臂都必定僵硬。更改後的「手心轉向後」句，其實也容易誤解為只是手心的翻動。葉大密老師在處理白鶴亮翅與左摟膝攌步兩勢的過渡時，其間左手以肘帶小臂內側，由右往左下作採勁，勁力透出左掌心，達指梢；同時，協同右手小臂，向左轉臂，小臂內側至左掌小魚際，猶如刀刃，仰掌作劈，此為挒勁，楊澄甫《太極拳使用法》稱「有刀掌劍指」者，蓋此之謂也。之後，接左摟膝拗步時，「腰往下鬆，右手心轉向後，隨腰下垂」，就順理成章了，因為仰掌劈向左的右掌心，原本是略向左上角的，隨著鬆腰右轉後，掌心自然由朝自己面容，再「往後圓轉而上，轉由右耳邊按出」了。

⑨左足隨身收近……如第十圖：第十圖係楊澄甫老師早年在北京，由許禹生所拍攝的拳照。左腳尖顯然是貼著地，沒有翹起之意。而楊澄甫老師《太極拳使用法》之第九節手揮琵琶式，採用楊澄甫老師南下南京、上海、杭州後所拍攝的一組拳照。觀該拳照，顯然是左腳尖翹起的，身形也較第十圖中正。

⑩左摟膝拗步：此本目錄中，與下式合稱為「左右摟膝拗步」。中國書店《太極拳選編》本，此拳勢名為「摟膝拗步」。

右摟膝拗步①

左足跟轉向東北②，腰下鬆。左手心轉向外，隨腰下垂，往後圓轉而上，轉由左耳邊按出；右手同時隨腰而上，由胸前往左，摟至右膝外，手心向下。右足隨往東邁，腰隨手前進，至右腿變實。右摟膝與左摟膝無異，惟左右不同耳。如第十一圖。又變手揮琵琶式③。手揮琵琶如前第十圖。

進步搬攔錘④

由琵琶式，兩手心相對，隨腰往左轉，左手轉至手心朝下，右手轉至手心朝上，左手在上，右手在下。右手轉至左肋際握拳，又隨腰往右鬆，藏於右肋間。此時右腿同時提起邁一步⑤，使足尖朝東，全身坐於右腿上。左手亦同時隨腰往前探出。如第十二圖。

圖11　右摟膝拗步

圖12　進步搬攔錘

右足跟轉向東南⑥，坐實。左手隨往左搬攔，右拳隨即打出，左手如扶右手肘內，手尖向上。左足亦同時前進坐實。如第十三圖。

如封似閉

左手旋穿出右肘，手心向上。兩手隨腰往後抽，左手心貼住右臂，漸移漸分，至兩掌近於胸際。此時右腿變實。然後兩掌復隨腰前按，至左腿變實。如第十四圖。

十字手

左足跟轉向南⑦。兩手先往上分開，向下圓轉，後又由下而上，復合為斜十字。右足隨

圖13　進步搬攔錘

圖14　如封似閉

右手同時移近左足，平行而立。此式面向南方。如第十五圖。

抱虎歸山

右手向西北，左手向東南分開。右足隨右手往西北邁步，此時全身尚坐在左腿。左手分開後，旋即轉上，由耳邊向西北按出。腰亦隨之前進，即坐在右腿上。右手分開後，同時轉至肋下，下垂，手心向上。如第十六圖。

右手復轉上，手心轉向下，至左手處，兩手隨腰擺回，坐在左腿上，兩手復擠出，按出，與攬雀尾同。

圖15　十字手

圖16　抱虎歸山

肘底看錘

兩手按出後，如單鞭式，右手鬆直，手指稍垂，不必成為吊手。左足略提起，落下，足尖轉向東南；右足隨提起，往南邁，與左足相離二三尺許，足尖亦向東南。左手轉至右肩時，不成單鞭，與右手同時隨身、隨步畫一個大圓規，左手畫至左邊，復轉回至胸際向東伸出，手心朝南；右手同時畫至胸前時，遂握拳收回，藏於左肘下。左足同時提至右足前，足跟點地，足尖翹起。此式面正向東。如第十七圖。

圖17　肘底看錘

倒輦猴

右拳旋鬆開，由左肘下，往後圓轉而上，由右耳邊按出，如摟膝扨步。而左足同時往後退步。使全身坐於左腿上，右足尖轉向正東。如第十八圖。

左手亦同時往後圓轉而上，由左耳邊按出。而右足往後退步，使全身坐在右腿上，左足尖轉向正東。如第十九圖。

兩手如輪一來一往，左手出，則右腿實；右手出，則左腿實。或退三步，或退五步，或退七步，至右手按出。

斜飛式

右手按出後，腰向左鬆，全身坐在左腿上。右手隨腰向左、向下，左手由左，圓轉而上，使兩掌相合，左手心朝下，右手心朝上，如抱圓球。右手旋⑧隨右足，向西南分開，在上；左手向東北分開，在下；右手心仍在上，

圖18　倒輦猴

圖19　倒輦猴

左手心仍在下。全身坐在右腿。眼神亦向西南。如第二十圖。

圖20 斜飛式

提　手

左足略起，復落下，兩手收回相合，作提手式。右足亦略收回。如前第七圖。

白鶴亮翅

如前第八圖。

摟膝抝步

如前第九圖。

海底針

右足不動。右手隨腰收回，復隨腰向下垂，手尖下指，手心向北。左足亦同時收回，足尖點地。左手仍在原處。眼神仍向前看。如第二十一圖。

扇通臂

右足不動。兩手隨腰提起，右手提至額上，手心向南；左手提至胸際，向東按出。左足與左手同時前進。全身坐在左腿上。如第二十二圖。

圖21　海底針

圖22　扇通臂

撇身錘

左足轉向南，全身仍坐在左腿。左手曲肘西轉，右手曲肘東轉，左手掌心向南，右手握拳，拳心向下，如抱物狀。眼神亦轉向西。左足不動，兩手隨腰圓轉向西，右手隨腰往下鬆，藏在肋下，拳心向上；左手繞右拳上，往西按出。右足同時西轉，足尖朝西，坐實右腿。如第二十三圖。

圖23　撇身錘

上步搬攔錘

右拳由肋下提起，同左手隨腰往左收回，由下而上，如畫一橢圓。此時左腿坐實，右足略提起落下，足尖向西北坐實。進左步，左手搬攔，打右拳，與進步搬攔捶同。

進步攬雀尾單鞭

左足跟轉向西南⑨。右拳鬆開，同左掌隨腰往下鬆。坐實左腿，右足前進。右手心朝上，左手心朝下，變為攬雀尾式。

隨又變為單鞭，如前第三、第四、第五、第六等圖。

抎　手

單鞭之後，右手吊手，鬆開變為掌，手心朝下，隨腰往下、往左圓轉，轉至左肩前，手心轉向內，復往右轉，隨轉，手心隨轉向下，須鬆鬆捧起，務令極圓。右足隨右手往東，橫移半步。左手同時亦鬆開，手心朝下，隨腰往下、往右圓轉，轉至右肩前，手心轉向內，復往左轉，隨轉，手心隨轉向下，鬆捧如右手。左足隨右手往東橫移一步。兩手圓轉如輪，右手至左肩前，左手伸直；左手至右肩前，右手伸直。抎右手，眼神與腰隨往右。抎左手，眼神與腰隨往左。抎右手坐右腿，抎左手坐左腿。如第二十四、二十五兩圖。此抎手，或三步，或五步，或七步，即變為單鞭。

單　鞭

右手抎直進，隨變為吊手，左手遂變為單鞭。左足亦略向東北，如前單鞭一樣。

高探馬

左手隨腰收回，藏於左肋下，手心朝上；右手同時曲肘，由耳邊捧出，手心朝下。左足亦同時收回，足尖點地。腰收回時，隨收，隨往上提，故曰高探馬也。此式右腿

圖24　抎手

圖25　抎手

實。右第二十六圖。

右分腳

就原式，右手心朝下，左手心朝上，相對。右手在上，左手在下，隨腰由右往左、往下圓轉。左足同時隨腰、隨兩手，往東北邁步。兩手由下、又往上相合作十字。眼神向東南。此式左腿變實，右足提起，足尖下垂，向東南踢出，足背須平。兩手同時兩邊分開，右手向東南，左手向西北，兩掌俱坐起手腕⑩。右手指向上。此式須渾身鬆開要有頂勁。不然則不穩矣。如第二十七圖。

圖26　高探馬

圖27　右分腳

【注釋】

①右摟膝拗步：中國書店《太極拳選編》本，此拳勢名為「左摟膝拗步」。左右式命名，易以摟膝的那隻手來名之為是。楊澄甫《太極拳使用法》上兩式「左摟膝拗步」，稱作「摟膝拗步」，而此式「右摟膝拗步」，簡稱為「右摟膝」。

②左足跟轉向東北：宜更作「左足跟轉動，使腳尖轉向東北」。

③又變手揮琵琶式：後文附錄校正表中，更正為「又變右摟膝拗步、手揮琵琶式」。

二水按：拗，同拗。但此式更正後的「右摟膝拗步」，也應作「左摟膝拗步」。前式右摟膝拗步之後，在楊澄甫老師《太極拳使用法》中，是第十二節「左摟膝拗步」。倘若不回到左摟膝拗步，那麼此式的「又變手揮琵琶式」，應該與前式之手揮琵琶式，左右手足正相反，而不應該是「手揮琵琶如前第十圖」，所以，應更正為「又變左摟膝拗步、手揮琵琶式」。

④進步搬攔錘：楊澄甫老師《太極拳使用法》中，也是由第十三節手揮琵琶式，直接轉至第十四節之進步搬攔錘式。而楊澄甫老師的《太極拳體用全書》中，則由第十三節的左摟膝拗步，演進為第十四節的手揮琵琶式，再由第十四節的手揮琵琶式，演進為第十五節之左摟膝拗步，之後才演進為第十五節的進步搬攔錘。

⑤右腿同時提起邁一步：後文附錄校正表中，更正為「右腿同時提起前進一步」。
⑥右足跟轉向東南：宜更正為「右足跟轉，使腳尖向東南」。
⑦左足跟轉向南：宜更正為「左足跟轉動，使腳尖向南」。
⑧旋：旋即。
⑨左足跟轉向西南：宜更正為「左足跟轉動，使腳尖向西南」。
⑩坐起手腕：須有含胸、開肩、墜肘、立腕、腆掌、舒指之意，身形左右展開，如大鵬展翅。故又稱之「翅腳」。

左分腳

右足踢出，旋即收回。右手由右往左，與左手手心相對，左手在上，右手在下；同時隨腰由左往右、往下圓轉。右足同時隨腰、隨兩手，往東南邁步坐實。兩手由下圓轉，往上相合作十字。眼神向東北。左足提起，足尖下

圖28　左分腳

垂，向東北踢出，足背須平。兩手同時兩邊分開，右手向西南，左手向東北，兩掌俱坐起手腕，手指向上，與右分腳同。如第二十八圖。

轉身蹬腳

兩手相合作十字，左足收回，仍提起，足尖下垂。右足跟轉向北①。兩手分開，左手朝西，右手朝東。左足蹬出，足心朝西，足尖朝上。此式身雖朝北，而眼神則隨向西看。如第二十九圖。

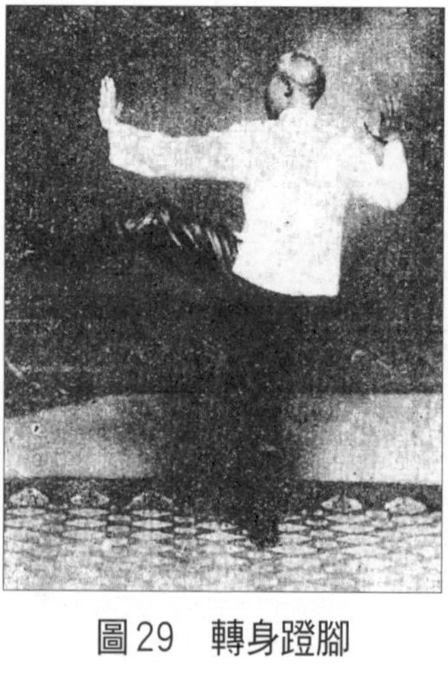
圖29　轉身蹬腳

左右摟膝拗步

左足蹬出後，旋收回，足尖下垂，全身坐在右腿，左足前邁。左手摟膝，右手按出。復換步，右手摟膝，左手按出，與前皆同，惟中間無琵琶式耳。看第九、第十一圖。

進步栽錘

右足尖轉向西北，左手摟膝，左足前邁，右手即由腰間向下打出②。如第三十圖。

圖30　進步栽錘

翻身白蛇吐信③

翻身白蛇吐信，與撇身錘相同，惟方向不同。左足轉向北，全身坐在左腿。左手曲肘東轉，右手曲肘西轉，左手掌心朝北，右手掌心向下，如抱物狀。眼神亦轉向東看。左足不動，兩手隨腰圓轉向東，右手隨腰往下鬆，藏在肋下，手掌心朝上。與撇身錘不同者，惟右手用掌不握拳。左手繞右掌上，往東按出。右足同時東邁，足尖朝東。

上步搬攔捶

右足跟轉向東南④，全身坐在右腿上。兩手隨腰往回收，圓轉而上，右手向前打拳，左手隨之，以掌扶右腕，掌心朝南。左腿同時前邁變實。與前第十三圖相同。

蹬　腳

左足跟轉向北⑤。兩手相合，作十字。全身坐在左腿，右腿提起、蹬出。兩手隨之分開，與轉身蹬腳同，惟左右腳不同耳。此式身向北，眼向東看。如第三十一圖。

圖31　蹬　腳

左右披身伏虎式

右足收回，垂足尖，落於左足處。左手往右，與右手同時，隨步隨腰，往下往西，圓轉而上，握拳，手心朝外；右手由丹田而上，至胸際，握拳，手心朝內，左手在額之上，右手在胸之下，上下相對。兩手轉時，左足同時往西橫移，全身坐在左腿，右腿伸直。此式面向正北。如第三十二圖。

左足尖轉向東北。兩手隨腰右轉⑥，向於東南，左手由上往左，圓轉而下，轉至胸際，手心朝內；右手由下往右，圓轉而上，轉至額上，手心朝東南。右足同時隨腰，轉向東南⑦，

圖32　左右披身伏虎式

圖33　左右披身伏虎式

全身坐在右腿，左腿伸直。此式面向東南。如第三十三圖。

回身蹬腳

左足跟復轉向北⑧，身亦隨之。兩手相合，作十字。左腿坐實，右腿蹬出。兩手分開，與翻身蹬腳相同。

雙風貫耳

右足蹬出後，旋收回，仍提起，足尖下垂，左足跟轉向東北⑨。兩手相合，手心轉向內，合至右膝處，復往下，兩邊分開，手心漸轉，向外、向前、向東南，相對圓轉，而至前面，兩手握拳相對，拳心向外。兩手合至右膝時，右腿隨腰往下鬆，隨鬆隨轉，向東南邁

圖34　雙風貫耳

出，全身坐在右腿，左腿伸直。如第三十四圖。

左蹬腳

右足跟轉向南⑩。兩手相合，作十字。全身坐在右腿，左腿向東蹬出，與前轉身蹬腳相同，惟此面向南耳。

【注釋】

①右足跟轉向北：宜更正為「右足跟轉動，使腳尖向北」。

②右手即由腰間向下打出：後附校正表，更正為「右手同時隨腰平轉一小圓規，即由腰間向下打出」。

③翻身白蛇吐信：許禹生《太極拳勢圖解》中，無「白蛇吐信」名目，此式作「翻身彎身錘」。楊澄甫《太極拳使用法》《太極拳體用全書》兩書中，皆將此式列作第四十二節，名為「翻身撇身錘」，而第七十七節，才是「轉身白蛇吐信」。

④右足跟轉向東南：宜更正為「右足跟轉動，使腳尖向東南」。

⑤左足跟轉向北：宜更正為「左足跟轉動，使腳尖向北」。
⑥兩手隨腰右轉：後文附錄之校正表，更正為「兩手仍握拳隨腰右轉」。
⑦右足同時隨腰，轉向東南：後文附錄之校正表，更正為「右足同時提起，邁步，隨腰轉向東南」。
⑧左足跟復轉向北：宜更正為「左足跟轉動，使腳尖復轉向北」。
⑨左足跟轉向東北：宜更正為「左足跟轉動，使腳尖轉向東北」。
⑩右足跟轉向南：宜更正為「右足跟轉動，使腳尖向南」。

轉身蹬腳

左腿蹬出後，收回，仍提起，不落下。全身隨右足尖轉向北，左足落地，全身坐在左腿。兩手復相合作十字。右腿蹬出，與翻身蹬腳相同，右足心朝東。

上步搬攔錘

右足蹬出後，仍收回，足尖下垂，落下，足尖向東南，坐實右腿。左手搬攔，右手打拳，與前皆同。

如封似閉、十字手、抱虎歸山

同前①。

斜單鞭

由十字手，右手向西北，左手向東南分開。右足隨右手往西北邁步，此時全身尚坐在左腿。左手往西北擠出按出，與抱虎歸山皆同②。惟雙手按出後，左足往南邁，左手亦往南成單鞭式。斜單鞭與單鞭相同，惟方向向南耳。如第三十五圖。

圖35　斜單鞭

野馬分鬃

右手隨腰往左，與左手相合，右手在下，手心向上；左手在上，手心向下。全身坐在左腿上，右足提起，往西北邁去。右手隨右足往西北分開在上，左手同時往東南分開在下，右手心仍向上，左手心仍向下。全身坐在右腿。眼神亦向西北。此式與斜飛式相同，惟前手略低耳。如第三十六圖。

換式，左手隨腰往右，與右手相合，左手在下，右手在上；左手心朝上，右手心朝下。左足提起，往西南邁去。左手隨左足往西南分開在上，右手同時往東北分開在下。眼神亦隨向西南。如第三十七圖。

此是左右野馬分鬃，或三次，或五次，至右分鬃，換下式。

圖36　野馬分鬃

圖37　野馬分鬃

上步攬雀尾

左足向前邁半步。左手隨左足同時向南捧出，右手略向北圓轉，手心轉至向下，又轉至左手處，即成攬雀尾之起式。

以下均與攬雀尾相同。

單鞭

如前。

玉女穿梭

由單鞭式，左足跟轉向南③，右足收回，落左足前，足尖向西。左手轉出右肋外，左足向西南邁出，左手心向上，挨著④右臂，向上

圖38　玉女穿梭

捧，隨捧，手心隨轉向外，而至額上；右手由左手之下，隨腰、隨步按出。此式全身坐在左腿⑤。如第三十八圖。

左腿坐實，足跟轉向西北⑥。右手轉出左肋外，手心向上。右足提起，向東南邁出。右手心向上，挨著左臂，向上捧，隨捧，手心隨轉向外，而至額上；左手由右手之下，隨腰、隨步按出。此式全身坐在右腿⑦。如第三十九圖。

復坐實右腿，進左步。兩手如前，向東北捧出按出⑧。如第四十圖。

復坐實左腿，足跟轉向東南⑨，右足提向西北邁步。兩手轉向西北捧出按出⑩。如第四

圖39　玉女穿梭

圖40　玉女穿梭

十一圖。

上步攬雀尾單鞭

左足向前進一步。左手向南捧，變為攬雀尾、單鞭。

圖41　玉女穿梭

抎手

如前，或三次，或四次，或五次。

【注釋】

①如封似閉……同前：此處省略了如封似閉、十字手兩拳勢。而抱虎歸山，則在下勢「斜單鞭」中略有介紹。

②由十字手……與抱虎歸山皆同：至此，係「抱虎歸山」的簡略介紹。

③左足跟轉向南：宜更正為「左足跟轉動，使腳尖向南」。

④著：古同「著」。後同，不另注。

⑤此式全身坐在左腿：後文附錄校正表將此句補充為「此式全身坐在左腿，面向西南隅」。

⑥左腿坐實，足跟轉向西北：後文附錄校正表將此句補充為「左腿坐實，足跟轉向西北，使足尖漸轉向正東」。

⑦此式全身坐在右腿：後文附錄校正表將此句補充為「此式全身坐在右腿，面向東南隅」。

⑧向東北捧出按出：後文附錄校正表將此句補充為「向東北捧出按出，向東北隅」。

⑨足跟轉向東南：宜更正為「足跟轉動，使腳尖向東南」。

⑩兩手轉向西北捧出按出：後文附錄校正表將此句補充為「兩手轉向西北捧出按出，面向西北隅」。

單鞭下勢

單鞭式如前，左手按出後，身隨腰收回，往下坐在右腿上，愈低愈好，低至左腿伸直。身不可太俯，頭仍要有頂勁。左手隨腰略收，轉而向下，至左足腕①處，右手仍為吊手。如第四十二圖。

圖42　單鞭下勢

金雞獨立

全身已坐在右腿，腰向前進，隨進隨提，使全身坐在左腿。左手隨身向上，至與肩齊處，而往下按；右手隨右腿，往前提起。右腿提至膝與腹平，足尖下垂。右手提至肘與右膝相合，手心向北，手尖朝上，與右眉齊。如第四十三圖②。

右足旋向後退半步，使全身坐在右腿。左手隨左足上提，左膝與腹平，足尖下垂，左肘與左膝合，手心向南，手尖朝上，與左眉齊，右手同時而往下按。如第四十四圖。

倒輦猴

右手往下按後，手心向前，往後圓轉。左足同時往後退，使全身坐於左腿，右腿伸直。右手從右耳邊按出，左手亦同時往後圓轉，由左耳邊按出。而右足往後退步，皆如前式。兩手如輪，隨轉隨退。或三次，或五次，或七次，看十八、十九兩圖。

圖43　金雞獨立

圖44　金雞獨立

斜飛式、提手上勢、白鶴亮翅、海底針、扇通臂、撇身錘、上步攬雀尾、單鞭、抎手、單鞭、高探馬

皆如前。

十字腿

由高探馬，坐實左腿。左手由右臂之上穿出，手心朝上；右手在左肋下，手心朝下③。左足隨左手向東邁去。左手伸出後，隨即屈回向西，手心朝南；右手仍在左肋下，手心朝下。眼神隨向西看。左足尖同時轉向南，仍坐實左腿。如第四十五圖。兩手隨即分開，右腿蹬出。

圖45　十字腿

摟膝指膛錘

右腿蹬出後，落下坐實。左手摟膝，右拳向西向下打出④。坐實左腿。如第四十六圖。

圖46　摟膝指膛錘

上勢攬雀尾

右拳鬆開，與左手右腿同時向上，向前，變攬雀尾如前。

單鞭下勢

如前。

上步七星

由單鞭下勢，腰身前進，坐實左腿。兩手隨腰往前相交⑤，作斜十字形。

右足隨向前邁，足尖點地。如第四十七圖。

退步跨虎⑥

右足復向後退，坐實。兩手分開，右手在上，手心朝東；左手在下，手心朝下。左足即隨之退回，足尖點地。此式略如白鶴亮翅，惟身略低，兩手更開。如第四十八圖。

轉腳擺蓮

左足提起，右足尖向南向西轉動，全身即隨之轉一圓規，落下，坐實左腿。兩手隨身而轉，隨轉隨合。此時面復向東，右足提起，由左擺右。兩手由右擺左，稍拍足背。如第四十

圖47　上步七星

圖48　退步跨虎

九圖。

彎弓射虎

拍後，兩手隨腰、隨右足向右、向下圓轉，又由下而上，轉向東北，作射虎勢。右足落下坐實。右拳在額上，左拳伸出。如第五十圖。

上步搬攔錘

由射虎式，右手向下鬆，手心微朝上；左手向右鬆，手心微朝下，兩手心相對，隨腰往左鬆，變為搬攔錘，與前相同。

圖49　轉腳擺蓮

圖50　彎弓射虎

如封似閉、十字手

均如前。

合太極

由十字手，往下按，歸於起勢，為合太極。如第一圖。

以上所列各式，學者循序漸進，每日學之，至多不能過二三式，務求規矩悉合，不可貪多。初學之時，每式不能不斷，至學完後，漸求聯合一氣。以前所列注意十事，均須刻刻體驗。習之一二年，後天之力化盡，先天自然之內勁漸長。原譜所謂：「以心行氣，務令沈著，乃能收斂入骨」。練習架子，以神斂氣沉為主，久之練氣入骨，則渾圓綿柔，沈重堅剛，兼而有之。

【注釋】

①足腕：腳與脛接連處，即小腿肚下面。

②第四十三圖：此圖，提左腳，提左手，是金雞獨立的左式。下文的第四十四圖，提右腳，提右手，是金雞獨立的右式。依照拳勢，應該按照文字描述中，先金雞獨立右式，然後再演進為金雞獨立左式。所以，此兩圖片係顛倒誤置。而中國書店《太極拳選編》本中，兩圖沒有差錯。

③由高探馬……手心朝下：此節文字，在楊澄甫《太極拳使用法》中，連同高探馬，合併為第八十三節之「高探馬代穿掌」，在《太極拳體用全書》更名為「高探馬帶穿掌」。

④右腿蹬出後……向下打出：後文附錄之校正表，此節補充為「右腿蹬出後，落下坐實，足尖向西北。右手下鬆，隨腰、隨右腿轉一圓規，轉至腰隙握拳，左手摟膝，左足前進，右拳向前、向下打出」。

⑤兩手隨腰往前相交：後文附錄之校正表，此節補充為「兩手隨腰往前，握拳相交」。

⑥退步跨虎：詳見前文白鶴亮翅之注解。

推手

推手者，所以求其用也。他種拳術，雖亦有二人對手者，然不過十餘式，再多不過數十式耳。而來者其法不一，何能執定法以應之哉？太極推手，則有掤攦擠按採挒肘靠八字，此八字所以練其身之圓活。二人黏連綿隨，周而復始，如渾天之球，斡旋不已，而經緯弧直之度，莫不全備。將此一身，練為渾圓之一體，隨屈就伸，無不合宜，則物來順應，變化而無窮矣。此所謂萬法歸一，得其一，而萬事畢矣。

合步推手

甲乙①二人對立，甲左足在前，右足在後。乙左足在前，右足在後。此為合步推手。

甲左足，乙右足，要平行相對；甲右足，乙左足，其距離寬窄，則各人長短不同，未能拘定，總以身體前進後退，得機得勢，毫不覺費力為度。甲乙各出右手，以手腕背相黏，此謂之掤。如推手第一圖（先出左手亦然）。

甲右手隨腰往回收，以左手腕黏於乙右手之肘處，亦同時往回攦，此謂之攦。如推手第二圖之甲。

乙被甲攦，則身傾於左方，似不得力。而乙之右手，隨甲攦之方向送去，以左手掌補於右肘灣處，向前擠去，此之謂擠。如二圖之乙。

甲被乙擠，似不得力，即含胸，以左手心

圖1

圖2

黏乙左手背，往左化去，則乙擠不到身上矣。如第三圖之甲。

甲之右手，同時按乙右肘處。兩手同時向前按去，此之謂按。如第四圖之甲。

乙又被甲按，似不得力，則仍以右手隨腰往回收，以左腕黏甲右肘，往回攌。如四圖之乙。乙攌甲擠，如第五圖。甲擠乙掤，如第六圖。乙按，甲又攌，如第七圖。周而復始，循環無端。

掤攌擠按，掤字在前，如元亨利貞之元。仁義禮智之仁。蓋兼乎三德也。蓋擠時須掤，按時、攌時亦須掤。掤者，如手捧物之意。如擠、按、攌時不能掤，則彼力近我身矣。掤

圖3

圖4

者，使兩手臂如圓體之面，使彼力在圓球面上，圓球一動，則其力化去。若不掤，則彼力到圓球之心矣。或謂化敵擠時，兩手掤起，謂之掤，亦通。掤攦擠按，二人循環為之。按時、擠時坐前腿，不可太過膝。掤時、攦時坐後腿。前進後退，腰如車輪，上下相隨。原論曰：「掤攦擠按須認真，上下相隨人難進，任他巨力來打我，牽動四兩撥千斤」也。

圖5

圖6

圖7

換步

換步者，甲坐左腿，進右步；乙坐右腿，退左步。是之謂換步。反之，乙進左步，甲退右步亦可。

換手

換手者，甲被乙握時，不補擠而握回，乙即補擠，手即換矣。

順步推手

順步推手者，甲左足在前，右足在後。乙右足在前，左足在後。謂之順步推手，如第八、第九圖②。略備形式，手法均與合步推手相同，不必重述。

圖8

圖9

活步推手

活步推手者，甲乙二人對立，均左足在前，右手相黏。

甲攦乙，右步略騰起落下，左步退於右步之後，右步復退於左步之後。乙擠甲，左步略騰起落下，右步進於左步之前，左步復進於右步之前。

甲攦乙、按乙、擠乙，左步略騰起落下，右步進於左步之前，左步復進於右步之前。乙掤甲、攦甲，右步略騰起落下，左步退於右步之後，右步復退於左步之後。

乙又掤甲、按甲、擠甲，步如前甲。甲又掤乙、攦乙，步如前乙。

二人往來練之，二人或換步，或換手，均可。活步推手，難以圖形表示。其擠、按均與順步推手同，惟動步耳。

以上推手，無論合步、順步、進退步，均須時時練習，不可間斷。久之自能懂勁，敵意從何方而來，稍觸即知矣。

大擺

大擺者，採挒肘靠四隅也。

二人南北對立，甲向南，乙向北，俱左足在前。甲乙右手腕相黏，乙擺甲肘，乙右步向西南邁去，作騎馬式，右手攏甲腕，左手腕黏甲之肘，與小擺相同。甲左足向東南邁去，須與乙兩足成正三角形，右足即向乙之膻內插進，正對乙之正面，右手往前鬆勁，左手扶於右肘灣內，眼神對乙之面，右肩即靠於乙之胸前。甲③即不能立住而跌出矣。

乙見甲至，即以左膊隨腰往下一沈，甲即不能靠入。以右手向甲面一閃，一閃即挒意④。

甲若不變，即被乙挒，或被乙左膊擠出。故甲速以右腕接乙右腕，右足收至左足處，翻身，右足往東南邁去，左手擺乙之肘，形勢與乙第一次擺時相同。

乙隨進左步，右步向甲膻內插進，靠入，如甲第一次靠相同。

甲被乙靠，速以左手採住乙之左手背，速含胸，左足逃出於乙右足之前。乙如不變，甲兩手即可將乙按出。乙速以左手腕黏甲左手腕，右足收至左足處，以右手攌甲左肘，左足向西北邁去。

甲速進右步，與乙兩足成正三角形，左足向乙襠內插進靠之。

乙見甲至，以右膊隨腰往下一沈，甲即不能靠入。以左手向甲面上一閃。甲速以左手腕接乙左手腕，左足收至右足處，翻身，左足往東北邁去。

右手攌乙之肘，乙隨進右步，左足向甲襠內插進靠入。

此四隅俱全。若隨攌，或逃腿，或單手閃，均可隨意。

如大攌四圖⑤：第一圖，甲攌乙靠。第二圖，甲靠乙挒。第三圖，乙靠，甲單手採逃腿。第四圖，甲靠，乙逃腿雙手按。略備形式，甲乙轉換，或以乙為甲，以甲為乙均可。其應用之規矩，雖詳細說明，而其巧妙，仍非口傳心授不可。

圖1

圖2

圖3

圖4

【注釋】

①甲乙：黑衣為甲，係微明先生本尊。白衣為乙，係陳志進先生。

②第八、第九圖：黑衣者，為甲，是許禹生先生。白衣黑褲者，為乙，是楊澄甫先生。

③甲：蓋「乙」字之誤。

④一閃即捌意：閃，即搧掌，一「閃」字，含閃賺之意，而非以掌摑面。

⑤大擴四圖：第一、第二圖，白衣黑褲者，為甲，是楊澄甫先生。黑衣者，為乙，是許禹生先生。第三、第四圖，黑衣者，為甲，是陳微明先生。白衣者，為乙，是陳志進先生。

附圖說明①

余著《太極拳術》一書，用楊澄甫先生攝影圖式②，缺者余為補之③，共五十圖，閱者尚嫌圖少。余去歲赴粵，應中山大學之聘請，有梁生勁予者，欲余攝太極全圖，凡轉動之處可攝者，均攝出無遺，共一百十八式，較原圖增多六十八式。今將此圖製成銅版付印，附於書內。閱者參觀附圖，更為明瞭。惟複式太多，未能重印，特編為詳細目錄，連重複者，共二百六十一式，按目索圖，亦不費力。

余新攝之圖，與楊澄甫先生在杭州所攝之圖④比較觀之，姿式規矩尚未差異，是可告於閱者。

太極起式，假定面向正南，轉右則為正西，轉左則為正東，轉後則為正北。或正或隅，均以起式向南而推之。此圖從首至終，均照一定之方向，閱者觀圖，即可知其向何方也。

凡轉動之處，雖未能停止，然以便閱者，明其轉動之方向、形式，故於轉動之處，亦攝一圖或二圖，雖不能如電影片之密合，亦可以觀得其大概。凡轉動之處，必須圓滿，不可有凹凸棱角，則得之矣。

【注釋】

①附圖說明：中國書店《太極拳選編》本，無附圖說明以及所附之二百六十一幀微明先生拳照。

②楊澄甫先生攝影圖式：指上文拳勢描述中所採用的楊澄甫拳照計三十七幀，楊澄甫與許禹生推手照四幀。

③缺者余為補之：指上文拳勢描述中所採用的由微明先生補拍拳照十三幀，以及微明先生與陳志進推手照九幀。

④楊澄甫先生在杭州所攝之圖：即楊澄甫《太極拳使用法》及《太極拳體用全書》所採用的楊澄甫老師九十四節拳照。

附圖目錄

第二三圖　右摟膝拗步式
第二四圖　摟膝拗步往後轉動式
第二五圖　同一九圖左摟膝拗步式
第二六圖　同二十圖手揮琵琶式
第二七圖　進步搬攔錘往左轉動式
第二八圖　進步搬攔錘往左轉動式
第二九圖　進步搬攔錘式
第三十圖　進步般攔錘式
第三一圖　如封似閉式
第三二圖　如封似閉式
第三三圖　如封似閉式
第三四圖　十字手轉動式
第三五圖　十字手轉動式
第三六圖　十字手式
第三七圖　抱虎歸山式
第三八圖　抱虎歸山式
第三九圖　同第五圖攬雀尾掤式
第四十圖　同第六圖攬雀尾掤式
第四一圖　同第七圖攬雀尾擠式
第四二圖　同第八圖攬雀尾擠式
第四三圖　同第九圖攬雀尾按式
第四四圖　同第十圖攬雀尾按式
第四五圖　同第十一圖單鞭轉動式
第四六圖　同第十二圖單鞭轉動式
第四七圖　肘下錘轉動式
第四八圖　肘下錘轉動式
第四九圖　肘下錘式
第五十圖　倒輦猴往後轉動式
第五一圖　倒輦猴式
第五二圖　倒輦猴往後轉動式
第五三圖　倒輦猴式
第五四圖　同五十圖倒輦猴往後轉動式

第一一八圖　同一〇七圖右蹬腳式
第一一九圖　同二九圖進步搬攔錘式
第一二〇圖　同三十圖進步搬攔錘式
第一二一圖　同三一圖如封似閉式
第一二二圖　同三二圖如封似閉式
第一二三圖　同三三圖如封似閉式
第一二四圖　同三四圖十字手轉動式
第一二五圖　同三五圖十字手轉動式
第一二六圖　同三六圖十字手式
第一二七圖　同三七圖抱虎歸山式
第一二八圖　同三八圖抱虎歸山式
第一二九圖　同第五圖攬雀尾攦式
第一三〇圖　同第六圖攬雀尾攦式
第一三一圖　同第七圖攬雀尾擠式
第一三二圖　同第八圖攬雀尾擠式
第一三三圖　同第九圖攬雀尾按式
第一三四圖　同第十圖攬雀尾按式
第一三五圖　同第一一圖單鞭轉動式
第一三六圖　同一二圖單鞭轉動式
第一三七圖　斜單鞭式
第一三八圖　野馬分鬃合手式
第一三九圖　右野馬分鬃式
第一四〇圖　野馬分鬃合手式
第一四一圖　左野馬分鬃式
第一四二圖　野馬分鬃合手式
第一四三圖　同一三九圖右野馬分鬃式
第一四四圖　上步攬雀尾轉動式
第一十五圖　上步攬雀尾單手掤式
第一四六圖　上步攬雀尾合手式
第一四七圖　同第四圖攬雀尾雙手掤式
第一四八圖　同第五圖攬雀尾攦式
第一四九圖　同第六圖攬雀尾攦式

第一五〇圖　同第七圖攬雀尾擠式
第一五一圖　同第八圖攬雀尾擠式
第一五二圖　同第九圖攬雀尾按式
第一五三圖　同第十圖攬雀尾按式
第一五四圖　同一一圖單鞭轉動式
第一五五圖　同一二圖單鞭轉動式
第一五六圖　同一三圖單鞭式
第一五七圖　玉女穿梭合手式
第一五八圖　玉女穿梭式
第一五九圖　玉女穿梭合手式
第一六〇圖　玉女穿梭式
第一六一圖　玉女穿梭合手式
第一六二圖　玉女穿梭式
第一六三圖　玉女穿梭合手式
第一六四圖　玉女穿梭式
第一六五圖　同一四五圖上步攬雀尾單手掤式
第一六六圖　同一四六圖上步攬雀尾合手式
第一六七圖　同第四圖攬雀尾雙手掤式
第一六八圖　同第五圖攬雀尾攌式
第一六十圖　同第六圖攬雀尾攌式
第一七〇圖　同第七圖攬雀尾擠式
第一七一圖　同第八圖攬雀尾擠式
第一七二圖　同第九圖攬雀尾按式
第一七三圖　同第十圖攬雀尾按式
第一七四圖　同第一一圖單鞭轉動式
第一七五圖　同第一二圖單鞭轉動式
第一七六圖　同第一三圖單鞭式
第一七七圖　同八四圖拡手式
第一七八圖　同八五圖拡手式
第一七九圖　同八六圖拡手式

第二一〇圖 同四圖攬雀尾雙手掤式
第二一一圖 同五圖攬雀尾攦式
第二一二圖 同六圖攬雀尾攦式
第二一三圖 同七圖攬雀尾擠式
第二一四圖 同八圖攬雀尾擠式
第二一五圖 同九圖攬雀尾按式
第二一六圖 同十圖攬雀尾按式
第二一七圖 同一一圖單鞭轉動式
第二一八圖 同一二圖單鞭轉動式
第二一九圖 同一三圖單鞭式
第二二〇圖 同八四圖抎手式
第二二一圖 同八五圖抎手式
第二二二圖 同八六圖抎手式
第二二三圖 同八七圖抎手式
第二二四圖 同八四圖抎手式
第二二五圖 同十三圖單鞭式
第二二六圖 同九十圖高探馬式
第二二七圖 同九一圖高探馬式
第二二八圖 上步穿手式
第二二九圖 十字腿轉身式
第二三〇圖 十字蹬腿式
第二三一圖 摟膝指膪錘式
第二三二圖 指膪錘式
第二三三圖 上步攬雀尾合手式
第二三四圖 同第四圖攬雀尾雙手掤式
第二三五圖 同第五圖攬雀尾攦式
第二三六圖 同六圖攬雀尾攦式
第二三七圖 同七圖攬雀尾擠式
第二三八圖 同八圖攬雀尾擠式
第二三九圖 同九圖攬雀尾按式
第二四〇圖 同十圖攬雀尾按式
第二四一圖 同一一圖單鞭轉動式

第一圖
太極起式

第二圖
攬雀尾單手掤

第三圖
攬雀尾合手式

第三圖
攬雀尾雙手掤式

第五圖
攬雀尾攦式

第六圖
攬雀尾攦式

第七圖
攬雀尾擠式

第八圖
攬雀尾擠式

第九圖
攬雀尾按式

第十圖
攬雀尾按式

第一一圖
單鞭轉動式

第一二圖
單鞭轉動式

第一三圖
單鞭式

第一四圖
提手式

第一五圖
白鶴亮翅合手式

第一六圖
白鶴亮翅式

第一七圖
摟膝拗步往後轉動式

第一八圖
摟膝拗步往前轉動式

第一九圖
左摟膝拗步式

第二十圖
手揮琵琶式

第二二圖
摟膝拗步往後轉動式

第二三圖
右摟膝拗步式

第二四圖
摟膝拗步往後轉動式

第二七圖
進步搬攔錘往左轉動式

第二八圖
進步搬攬錘往左轉動式

第二九圖
進步搬攬錘式

第三十圖
進步搬攔錘式

第三一圖
如封似閉式

第三二圖
如封似閉式

第三三圖
如封似閉式

第三四圖
十字手轉動式

第三五圖
十字手轉動式

第三六圖
十字手式

第三七圖
抱虎歸山式

第三八圖
抱虎歸山式

第四七圖
肘下錘轉動式

第四八圖
肘下錘轉動式

第四九圖
肘下錘式

第五十圖
倒輦猴往後轉動式

第五一圖
倒輦猴式

第五二圖
倒輦猴往後轉動式

第五三圖
倒輦猴式

第五六圖
斜飛合手式

第五七圖
斜飛式

第六四圖
海底針式

第六五圖
扇通臂式

第六六圖
撇身錘式

第六七圖
撇身錘式

第六八圖
撇身錘式

第六九圖
上步搬攔錘轉動式

第七十圖
上步搬攔錘轉動式

第七一圖
上步搬攔錘式

第七二圖
上步搬攔錘式

第七三圖
上步攬雀尾合手式

第八四圖
抎手式

第八五圖
抎手式

第八六圖
抎手式

第八七圖
抎手式

第九十圖
高探馬式

第九一圖
高探馬式

第九二圖
右分腳往右轉動式

第九三圖
右分腳往左合手式

第九四圖
右分腳式

第九五圖
左分腳往左合手式

第九六圖
左分腳往右合手式

第九七圖
左分腳式

第九八圖
轉身蹬腳式

第九九圖
摟膝拗步式

第一〇〇圖
摟膝拗步式

第一〇一圖
進步栽錘式

第一〇二圖
翻身白蛇吐信式

第一〇三圖
翻身白蛇吐信式

第一〇四圖
上步搬攔錘式

第一〇六圖
轉身合手式

第一〇七圖
右蹬腳式

第一〇八圖
披身伏虎式

第一〇九圖
左披身伏虎式

第一一〇圖
右披身伏虎式

第一一一圖
轉身合手式

第一一三圖
雙風貫耳式

第一一四圖
雙風貫耳式

第一一五圖
轉身合手式

第一一六圖
左蹬腳式

第一三七圖
斜單鞭式

第一三八圖
野馬分鬃合手式

第一三九圖
右野馬分鬃式

第一四〇圖
野馬分鬃合手式

第一四一圖
左野馬分鬃式

第一四二圖
野馬分鬃合手式

第一四四圖
上步攬雀尾轉動式

第一四五圖
上步攬雀尾單手掤式

第一四六圖
上步攬雀尾合手式

第一五七圖
玉女穿梭合手式

第一五八圖
玉女穿梭式

第一五九圖
玉女穿梭合手式

第一六〇圖
玉女穿梭式

第一六一圖
玉女穿梭合手式

第一六二圖
玉女穿梭式

第一六三圖
玉女穿梭合手式

第一六四圖
玉女穿梭式

第一八三圖
單鞭下勢式

第一八四圖
金雞獨立起式

第一八五圖
金雞獨立式

第一八六圖
金雞獨立式

第二二八圖
上步穿手式

第二二九圖
十字腿轉身式

第二三〇圖
十字蹬腿式

第二三一圖
摟膝指膛錘式

第二三二圖
指膛錘式

第二三三圖
上步攬雀尾合手式

第二四五圖
上步七星式

第二四六圖
退步跨虎式

第二四七圖
轉腳擺蓮式

第二四八圖
轉腳擺蓮式

第二四九圖
彎弓射虎轉身式

第二五〇圖
彎弓射虎式

第二五一圖
上步搬攔錘轉動式

第二五二圖
上步搬攔錘轉動式

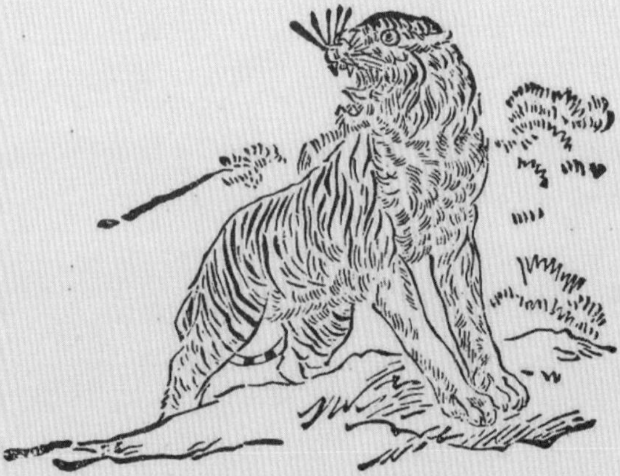

太極拳論

陳微明注

一舉動，周身俱要輕靈①。

不用後天之拙力，則周身自然輕靈。

尤須貫串②。

貫串者，綿綿不斷之謂也。不貫串則斷。斷則人乘虛而入。

氣宜鼓蕩③，神宜內斂。

氣鼓蕩則無間，神內斂則不亂。

無使有凸凹處，無使有斷續處④。

有凹處，有凸處，有斷時，有續時，此皆未能圓滿也。凹凸之處，易為人所制。斷續之時，易為人所乘。皆致敗之由也。

其根在脚，發於腿，主宰於腰，形於手指。由脚而腿而腰，總須完整一氣，向前退後，乃得機得勢。

莊子曰：「至人之息以踵⑤。」太極拳術，呼吸深長，上可至頂，下可至踵。故變動，其根在腳，由腳而上至腿，由腿而上至腰，由腰而上至手指，完整一氣。故太極以手指放人，而跌出者，並非僅手指之力，其力乃發於足跟，而人不知也。上手、下足、中腰，無處不相應，自然能得機得勢。

有不得機得勢⑥處，身便散亂，其病必於腰腿求之。

不得機，不得勢，必是手動而腰腿不動。腰腿不動，手愈有力，而身愈散亂。故有不得力處，必留心動腰腿也。

上下前後左右皆然，凡此皆是意，不在外面。有上即有下，有前即有後，有左即有右。

欲上欲下，欲前欲後，欲左欲右，皆須動腰腿，然後能如意。雖動腰腿，而內中有知己知彼，隨機應變之意在。若無意，雖動腰腿，亦亂動而已。

如意要向上，即寓下意。若將物掀起⑦而加以挫之之力，斯其根自斷，乃壞之速而無疑。

此言與人交手時之隨機應變，反覆無端，令人不測，使彼顧此而不能顧彼，自然散亂。散亂，則吾可以發勁矣。

虛實宜分清楚，一處自有一處虛實，處處總此一虛實。周身節節貫串，無令絲毫間斷耳。

練架子要分清虛實，與人交手，亦須分清虛實。此虛實雖要分清，然全視來者之意而定。彼實我虛，彼虛我實。實者忽變為虛，虛者忽變為實。彼不知我，我能知彼，則無不勝矣。周身節節貫串，「節節」二字，以言其能虛空粉碎。能虛空粉碎，則處處不相牽連。故彼不能使我牽動，而我穩如泰山矣。雖虛空粉碎，不相牽連，而運用之時，又能節節貫串，並不相顧，如常山之蛇⑧，擊首則尾應，擊尾則首應，擊其背則首尾俱應，夫然後可謂之輕靈矣。譬如以千斤之鐵棍，非不重也，然有巨力者，可持之而起。以百斤之鐵練，雖有巨力者，不能持之而起，以其分為若干節也。雖分為若干節，而仍是貫串。練太極拳，亦猶此意耳。

長拳者⑨，如長江大海，滔滔不絕也。

太極拳亦名長拳，楊氏所傳有太極拳，更有長拳，名目稍異，其意相同。

十三勢者，掤、攦、擠、按、採、挒、肘、靠，此八卦也。進步、退步、右顧、左盼、中定，此五行也。掤、攦、擠、按，即坎、離、震、兌⑩，四正方也；採、挒、肘、靠，即乾、坤、艮、巽⑪，四斜角也。進、退、顧、盼、定，即金、木、水、火、土也。

太極拳各式，及掤、攦、擠、按已見前。

原書注云：「以上係武當山張三豐祖師所著，欲天下豪傑延年益壽，不徒作技藝之末也」。

【注釋】

①輕靈：武禹襄《打手要言》「每一動，惟手先著力，隨即鬆開，猶須貫串，不外起承轉合。始而意動，既而勁動，轉接要一線串成」三十九字，楊家傳抄諸本拳譜皆竄益成「一舉動，周身俱要輕靈，猶須貫串」十三字。

二水按：兩節文字，辭意相通，但楊家傳抄諸本的文辭簡潔，立意高遠，以「輕靈」統領太極拳，將「輕靈」作為太極拳的運動綱領，力矯粘滯於空境，將太極拳推向了「機趣活潑」的境界。

輕靈，不只是對步法的要求，也不只是對身法的要求。上下相隨，左右相連，全身便完整一氣，了無掛礙。不留駐於聖境，不粘滯於悟境，而要從聖境、悟境裡超越出來，展開表象界的種種動象，生發出鮮活流轉、任運隨緣的天機活趣。著眼於鮮活永動的韻味，知空而不住，從空靈中折回，將一己之我轉化為宇宙之我，視「滿目青山起白雲」為家風，隨緣任運，灑脫無拘，使個體與宇宙合而為一，時間與空間鑄成一體，漸臻眞美，無拘無束，所謂「天人合一」者也。

「一舉動，周身俱要輕靈，尤須貫串」，便具有「來時無一物，去亦任從伊」的從容自在，彌漫著灑脫無拘的個性，高蹈著自由駿發的意志。鏡湖老先生（楊健侯）云：「輕則靈，靈則動，動則變，變則化！」此則，從根本上確立了「輕靈」作為楊式太極拳的運動總綱。

②貫串：太極拳在筋腱骨節處的要求：「其根在腳，發於腿，主宰於腰，形於手指。由腳、而腿、而腰，總須完整一氣。」腳、膝、胯、腰、肩、肘、掌、腕、指，每一骨節筋腱處，須得節節貫穿，上下相隨，左右相連。每一骨節筋腱處，「須得節節分散，節節貫穿，節節對拉拔長」。鄭曼青說：「一夕忽夢，覺兩臂已斷，驚醒試之，恍然悟得鬆境。其兩臂所繫之筋絡，正猶玩具之洋娃娃，手臂關節賴一鬆緊帶之維繫，得以轉捩如意，然其兩臂若不覺已斷，惡得知其鬆也。」道盡了「節節分散，節節貫穿，節節對拉拔長」之意。

③鼓蕩：鼓，春分之音，萬物郭皮甲而出，故謂之鼓。蕩，原作：盪。上湯下皿，從皿湯聲，如水在器皿上煮沸的狀態。像是平靜的水面，在某種作用力之下，產生向四周、上下翻騰、蕩漾的狀態。

二水按：鼓是擊打，蕩是聲的傳播。鼓是投石於水面，蕩是水面泛起的漣漪。鼓是器皿加熱，蕩是水的沸騰。鼓是因，蕩是果。得矣。

行拳走架，鼓是斂，是整，是合，是凝；蕩是通，是空，是散，是透。鼓蕩是身軀前移後蕩，陰陽生息變幻的結果。鼓蕩無常，拳意氣象萬千。瞭明鼓蕩，始知吞吐。海納百川，才能氣吞山河。

④無使有斷續處：武禹襄《打手要言》有「無使有缺陷處」句，微明先生抄本脫此句。凹凸、斷續，皆係缺陷之種種。

⑤至人之息以踵：「至人」，係「眞人」之誤。源出《莊子・大宗師》：「古之眞人，其寢不夢，其覺無憂，其食不甘，其息深深。眞人之息以踵，衆人之息以喉。」莊子認為，古時候的眞人，他們睡覺時不做夢，醒來時不憂愁。他們吃東西不貪圖甘美，呼吸時氣息深沉。眞人的呼吸，是以腳踵的變動，來協同配合呼吸的節拍，而普通人的呼吸，則靠的是喉嚨的吐納出入。微明先生以莊子的大宗師境界，來借喻太極拳的呼吸深沉，以及腳踝骨在太極拳運動中的重要性。

二水按：《莊子・大宗師》只談及「眞人」，《莊子・天下》中，則有「天人」「神人」「至人」「聖人」「君子」等的分別，云：「不離於眞，謂之至人。」可見，在莊子看來，「眞人」或許與「至人」同。而《黄帝內經・素問・上古天眞論》明確區分「眞人」「至人」「聖人」「賢人」。「上古有眞人者」「中古之時，有至人者」，可見「眞人」與「至人」其所處時代也有明確的不同。踵，後腳跟。人體腳踝骨，是軀體與腳底板之間的連接點。身體所承受的外力，由腳踝骨作用於腳底，腳踝骨緊張，人就容易跌倒；倘若腳踝骨鬆靈了，人的穩定性就好。太極拳運動中，訓練以腳踝骨的運動，來協同配合人的呼吸及運動節拍，一方面能訓練腳踝骨與腳底板之間構成緩衝機制，當身軀所受外力侵襲時，能在緩衝外力的同時，及時將外力回饋給對手；另一方面，腳踝骨的運動，能使得由「腳、膝、胯、腰、肩、肘、掌、腕、指」每一骨節筋腱處，節節貫穿，上下相隨，左右相連後所構成的間架結構，得以周身一家，完整一氣。所以，由「腳、膝、胯、腰、肩、肘、掌、腕、指」所構建的完整間架，以及腳踝骨運動所形成的一觸即發的節拍，才能保證太極拳的「得機得勢」。

⑥得機得勢：時機的把握和空間的丈量，是太極拳得機得勢的根本，也是太極拳的靈魂所在。由「腳、膝、胯、腰、肩、肘、掌、腕、指」所構建的完整間架，以及腳踝骨運動所形成的一觸即發的節拍，才能保證太極拳的機的把握與勢的運用。

⑦將物掀起：武禹襄《打手要言》「又曰」作「物將掀起」。武禹襄將王宗岳拳論及自己的體悟講論贈貽楊家後，楊家的拳學者，在傳抄過程中加以竄益，將「物將掀起」改作了「將物掀起」。

二水按：「物將掀起」的物，泛指與「我」相對的一切人事物事，未必僅指今人概念中的物體之物。曾國藩云：「物者何？即所謂本末之物也。身、心、意、知、家、國、天下，皆物也。天地萬物，皆物也。日用常行之事，皆物也。」而「將物掀起」的物，顯然只是局限於今人語境下的「物體」，文辭雖合乎今人口吻，卻缺失更多的深層含義。但楊本改「物將掀起」為「將物掀起」後，在拳藝上的理解，也更接近今人的語境。

⑧常山之蛇：源出《孫子兵法》：「善用兵者，似率然。率然者，常山蛇。擊其首，則尾至。擊其尾，則首至。擊其中，則首尾俱至。」戚繼光《紀效新書》卷十四《拳經捷要》篇云：「若以各家拳法兼而習之，正如常山蛇陣法，擊首則尾應，擊尾則首應，擊其身而首尾相應，此謂「上下周全，無有不勝。」

⑨長拳者：「太極拳亦名長拳」的長拳，就只指太極拳本身，而並非另有一套拳架叫作長拳。楊家三十二目老拳譜《太極進退不已功》云：「掤進攌退自然理，陰陽水火相既濟。先知四手得來眞，採挒肘靠方可許。四隅從此演出來，十三勢架永無已。所以因之名「長拳」。任君開展與收斂，千萬不可離太極。」《八五十三勢長拳解》更為直白：「自己用功，一勢一式，用成之後，合之為「長拳」。滔滔不斷，周而復始，所以名「長拳」也。萬不得有一定之架子，恐日久入於滑拳也，又恐入於硬拳也，決不可失其綿軟。」

⑩掤、攌、擠、按，即坎、離、震、兌：此文王八卦，坎北、離南、震東、兌西，表

述的是四個正方的方位。他本皆以文王八卦以序方位，唯獨《康健指南》等吳氏本，皆作：掤、攦、擠、按，即乾、坤、坎、離，取法伏羲八卦乾南、坤北、坎西、離東。

⑪採、挒、肘、靠，即乾、坤、艮、巽：文王八卦，乾西北、坤西南、艮東北、巽東南，表述的是四個斜角的方位。他本皆以文王八卦以序方位，唯獨《康健指南》等吳氏本，皆作：採、挒、肘、靠，即巽、震、兌、艮，取法伏羲八卦巽西南、震東北、兌東南、艮西北。

太極者，無極而生，陰陽之母也①。

陰陽生於太極，太極本無極。太極拳，處處分虛實陰陽，故名曰太極也。

動之則分，靜之則合。②

我身不動，渾然一太極。如稍動，則陰陽分焉。

無過不及，隨曲就伸③。

此言與人相接相黏之時，隨彼之動而動，彼屈則我伸，彼伸則我屈，與之密合，不丟不頂，不使有稍過及不及之弊。

人剛我柔謂之走④，我順人背謂之黏。

人剛我剛，則兩相抵抗。人剛我柔，則不相妨礙。不妨礙則走化矣。既走化，彼之力失其中，則背矣。我之勢得其中，則順矣。以順黏背，則彼雖有力而不得力矣。

動急則急應，動緩則緩隨，雖變化萬端，而理惟一貫。

我之緩急，隨彼之緩急，不自為緩急，則自然能黏連不斷。然非兩臂鬆淨，不使有絲毫之拙力，不能相隨之如是巧合。若兩臂有力，則喜自作主張，不能捨己從人矣。動之方向、緩急不同，故曰變化萬端。雖不同，而吾之黏隨，其理則一也⑤。

由着熟⑥而漸悟懂勁，由懂勁而階及神明⑦。然非用力⑧之久，不以豁然貫通焉。

着熟者，習拳以練體，推手以應用。用力既久，自然懂勁而神明矣。

虛領頂勁，氣沈丹田，不偏不倚，忽隱忽現。

無論練架子及推手，皆須有虛靈頂勁，氣沈丹田之意。不偏不倚者，立身中正，不偏倚也。忽隱忽現者，虛實無定，變化不測也。

左重則左虛，右重則右杳。

此二句，即解釋「忽隱忽現」之意。與彼黏手，覺左邊重，則吾之左邊，與彼相黏處，即變為虛。右邊亦然。杳者，不可捉摸之意，與彼相黏，隨其意而化之，不可稍有抵抗，使之處處落空，而無可如何。

仰之則彌高，俯之則彌深，進之則愈長，退之則愈促。

彼仰，則覺我彌高，如捫天而難攀。彼俯，則覺我彌深，如臨淵而恐陷。彼進，則覺我愈長而不可及。彼退，則覺我逾偪⑨而不可逃。皆言我之能黏隨不丟，使彼不得力也。

一羽不能加，蠅蟲不能落，人不知我，我獨知人，英雄所向無敵，蓋由此而及也。

羽不能加，蠅蟲不能落，形容不頂之意。技之精者，方能如此。蓋其感覺靈敏，已到極處，稍觸即知。能工夫至此，舉動輕靈，自然人不知我，我獨知人。

斯技旁門甚多，雖勢有區別，概不外壯欺弱，慢讓快耳。有力打無力，手慢讓手快，此皆先天自然之能，非關學力而有為也。

以上言外家拳術，派別甚多，不外以力、以快勝人。以力、以快勝人，若更遇力過我、快過我者，則敗矣。是皆充其自然之能，非有巧妙如太極拳術之不恃力、不恃快而能勝人也？

察四兩撥千斤之句，顯非力勝。觀耄耋⑩能禦衆之形，快何能為。

太極拳之巧妙，在以四兩撥千斤。彼雖有千斤之力，而我順彼背，則千斤亦無用矣。彼之快乃自動也，若遇精於太極拳術者，以手黏之，彼欲動且不能，何能快乎。

立如平準，活似車輪⑪。

立能如平準者，有虛靈頂勁也。活似車輪者，以腰為主宰，無處不隨腰運動圓轉也。

偏沈則隨，雙重⑫則滯。

何謂偏沈則隨，雙重則滯？譬兩處與彼相黏，其力平均，彼此之力相遇，則相抵抗，是謂雙重。雙重，則二人相持不下，仍力大者勝焉。兩處之力平均，若鬆一處，是謂偏沈，我若能偏沈，則彼雖有力者，亦不得力，而我可以走化矣。

每見數年純功，不能運化者，率自為人制，雙重之病未悟耳。

有數年之純功，若尚有雙重之病，則不免有時為人所制，不能立時運化。

若欲避此病，須知陰陽。黏即是走，走即是黏。陰不離陽，陽不離陰。陰陽相濟，方為懂勁。

若欲避雙重之病，須知陰陽。陰陽即虛實也，稍覺雙重，即速偏沈。虛處為陰，實處為陽。雖分陰陽，而仍黏連不脫，故能黏能走。陰不離陽，陽不離陰者，彼實我虛，彼虛我又變為實。故陰變為陽，陽變為陰，陰陽相濟，本無定形，皆視彼方之意而變耳，如能隨彼之意，而虛實應付，毫釐不爽，是真可謂之懂勁矣。

懂勁後，愈練愈精，默識揣摩，漸至從心所欲。

懂勁之後，可謂入門矣，然不可間斷，必須日日練習，處處揣摩，如有所悟，默識於心。心動則身隨，無不如意，技日精矣。

本是捨己從人。多誤捨近求遠。

太極拳不自作主張，處處從人，彼之動作，必有一方向，則吾隨其方向而去，不稍抵抗，故彼落空，或跌出，皆彼用力太過也。如有一定手法，不知隨彼，是謂捨近而求遠矣。

斯謂失之毫釐，謬以千里。學者不可不詳辨焉。

太極拳與人黏連，即在黏連密切之處而應付之，所謂不差毫釐也。稍離則遠，失其機矣。

此論句句切要，並無一字敷衍陪襯，非有夙慧，不能悟也。先師不肯妄傳，非獨擇人，亦恐枉費工夫耳。

太極拳之精微奧妙，皆不出此論，非有夙慧之人，不能領悟。可見此術不可以技藝視之也。

【注釋】

①太極者……陰陽之母也：武禹襄將得諸舞陽鹽店的王宗岳《太極拳論》贈貽楊家後，楊家拳學者，在拳譜傳抄過程中，多有竄益，許禹生等諸家楊家拳譜、徐致一等吳氏拳譜，於此節多有「動靜之機」四字，微明先生此本無之。

②動之則分，靜之則合：古漢語有一種特殊的語法結構，叫「互文」，前後辭章，參互成文，合而見義。譬如「打情罵俏」「翻手為雲，覆手為雨」，等等。同樣，此句也應該理解為「動靜則分合」。

二水按：此節闡述太極拳猶如一架權衡動靜變化的「天平」，一旦稱得對手動靜端倪，便以分合之道應對之。天地萬物動靜變化，是一個陰陽消長的過程。應對對手的陰陽變化，或分或合，全憑權稱對手陰陽消長的個中消息，「分毫尺寸，須自己細辨，默識揣摩，融會於心，迨之精熟，自能隨感斯應」矣。

③隨曲就伸：隨，從也，順也，往也。就，迎也，即也。《黃帝內經·素問·天元紀大論》第六十六：「陰陽之氣，各有多少，故曰三陰三陽也。形有盛衰，謂五行之治，各有太過不及也。故其始也，有餘而往，不足隨之；不足而往，有餘從之。知迎知隨，氣可與期。應天為天符，承歲為歲直，三合為治。」

二水按：太極拳旨在透過拳架、推手的訓練，根據對手氣的陰陽，形的盛衰的態勢，逐漸感知對手或過或不及時所蘊含的機勢，同時做出或迎或將，或即或離的反應，最後達到知迎知隨，不將不迎，不即不離，隨曲就伸的自然反應狀態。這與《黃帝內經》「應天為天符，承歲為歲直」的天地大道，理為一貫。

④走：趨也。趨向曰走。武禹襄的《打手要言》，用「依」字來詮釋走：「以己依人，務要知己，乃能隨轉隨接；以己粘人，必須知人，乃能不後不先」「能粘依，然後能靈活」云。

⑤我之緩急……其理則一也：與人推手，兩人相接相黏時，我的一舉一動，順著對手而動，我的動作快慢，也順應對手的緩急變化，不是自己想快就快，想慢就慢，這樣自然就能與對手黏連起來，而不至於斷勁。然而，要做到黏連，倘若自己的兩臂還沒有鬆得徹徹底底，乾乾淨淨，還做不到不能用一絲一毫的蠻力，那麼就不可能相隨相應到這樣巧合

的地步。如果兩臂還有蠻力，就喜歡自作主張，就做不到捨己從人。對手勁力變動的眞假、虛實、方向、速度、目標等，隨時在變化之中，所以說「變化萬端」。即便「變化萬端」，我只要斂神聽細雨，鬆淨身心，在與對手的粘黏連隨之中，克服頂匾丟抗之病，去覺知對手勁力的眞假、虛實、方向、速度、目標，甚至在對手勁力之將發而未發、預動而未動的端倪，去把握對手的運與動。這一道理，就像是孔老夫子所說的：「吾道一以貫之」。

⑥著熟：原作「著熟」。著，有位次之意。《五行志》云：「朝內列位有定處，所謂表著也。」著熟，概指拳架招數中的每一拳勢的勁路變化，爛熟於心。

⑦神明：《淮南子・兵略訓》曰：「見人所不見，謂之明；知人所不知，謂之神。神明者，先勝者也。」

二水按：此節從著熟到懂勁，從懂勁到神明，不但指明了太極拳的方向，更為我們提供了習練太極拳的行為模式：「著熟」是第一階段，要求熟悉太極十三勢的每一動、每一招的勁路變化，熟悉拳技的規矩法度。這一階段靠的是勤奮。「由著熟而漸悟懂勁」是第二階段。懂勁大凡需要「懂」勁力的來龍去脈、勁力的方向大小眞假、勁力的機勢節拍。不但要懂自己勁力種種變化，還得聽懂對手勁力的種種變化。這是「漸悟」的過程。所謂

「漸悟」，一方面是指需花費一段漫長的時間，另一方面除了自身的身體力行、刻苦訓練外，還需時時用腦、刻刻用意。這更需要一個人的智慧。「由懂勁而階及神明」是第三階段。「漸悟」是一種模糊思維，而「階及」卻有了一條明確的路徑。因為懂勁了，入了門，但前方的路，猶如一架天梯，目標雖然明確，方向猶在前面，卻是一條永無止境的通天長梯。欲到達「神明」境界，除了勤奮和智慧，還遠遠不夠，重要的是一個人的人格魅力。太極拳不是單純的武藝，而是一種道藝。如果不注重自身人格的修為，「階及神明」之路只能是神話中的一架「天梯」。

⑧用力：勞心努力之意。非用蠻力之謂也。蘇軾《靈壁張氏園亭記》云：「凡園之百物，無一不可人意者，信其用力之多且久也」，朱熹《大學章句》：「至於用力之久，而一旦豁然貫通焉。」

⑨偪：與「逼」同，逼迫、侵迫的意思。

⑩耄耋：猶高齡，高壽。林栗《周易經傳集解》曰：「夫日昃者，一日之老也；秋冬者，一歲之老也；耄耋者，百年之老也。」

⑪立如平準，活似車輪：太極拳靜態、動態下的運動法則。靜態時，「立」如一架天平，能夠將對手的輕重浮沉，虛實緩急，一一得以了然於心，絲毫無爽。動態時，「活」

如長了車輪的一架天平。進退顧盼，時時能守中用中。《楊氏太極拳老拳譜三十二目》之「太極平準腰頂解」一節，在解釋「尾閭正中神貫頂，滿身輕利頂頭懸」時，也經典地闡述了「立如平準，活似車輪」這一法則：「頂如準，故雲頂頭懸也。兩手，即平左右之盤也，腰，即平之根株也。立如平準，所謂輕重沉浮，分厘毫絲則偏，顯然矣。有準，頂頭懸。腰之根下株，尾閭至囟門也。上下一條線，全憑兩平，轉變換取，分毫尺寸，自己辨。車輪兩，命門一，纛搖又轉，心令氣旗，使自然，隨我便。滿身輕利者，金剛羅漢煉。對待有往來，是早或是晚。合則放發雲，不必凌霄箭。涵養有多少，一氣哈而遠。口授須秘傳，開門見中天。」無論天平，無論平準，又一一與朱熹《論孟精義》所引之游酢《遊廌山集》一節文辭相契合：「譬之權衡之應物曾無心，於輕重抑揚高下，秤抑揚高下，稱物平施，無銖兩之差，此其所以為時中也。」

⑫雙重：重，再也。重陰、重陽謂之雙重。《易經》以九為老陽，六為少陰。習俗九月九為重陽節，六月六為重陰節。後文「雙重之病未悟耳」「欲避此病，須知陰陽」可佐證之。

二水按：「偏沉則隨，雙重則滯」中，「偏沉」專指重陰，「雙重」則偏指重陽，蓋屬古漢語語境中的「複合偏義」。偏沉則隨，流弊於重陰，有失平準之「立」；雙重則滯，凝積於重陽，有失車輪之「活」。「偏沉」與「雙重」，都是指陰陽不辨的狀態。作為「太極拳經」或「太極拳論」，王宗岳此論，是站在經論角度，高屋建瓴來總結歸納問題的，而非僅僅只是技術層面兩腳的輕重虛實，或兩手力量的頂抗丟扁。

「立」者，即《楊氏太極拳老拳譜三十二目》之「太極平準腰頂解」中的「平之根株也」，意思是天平的樑柱。偏沉則隨的「隨」，乃隨波逐流之「隨」，而非隨屈就伸之「隨」。陰陽未濟之謂也。李亦畬五字訣在王宗岳「左重則左虛，右重則右杳」的基礎上，釋解為「左虛則右實，右虛則左實」，意在以「虛實開合」來力戒陰陽未辨之病。知虛實開合，方能如《孫子兵法》之所云：「善用兵者，似率然。率然者，常山蛇。擊其首，則尾至。擊其尾，則首至。擊其中，則首尾俱至。」

《楊氏太極拳老拳譜三十二目》之「太極輕重浮沉解」，又運用《易經》「老陰、少陰、少陽、老陽」的四象理論，對輕與浮、沉與重、偏與半作簡樸的定性定量分析，將太極拳一氣流水於肢體手足時的感受，分作三類十二手：上手二：雙輕、雙沉；平手一：半輕半重；病手九：雙重、雙浮、半沉半浮、偏輕偏重、偏浮偏沉、半重偏重、半輕偏輕、半沉偏沉、半浮偏浮。

並稱：「雙重為病，失於填實，與沉不同也」「偏浮偏沉，失於太過也」「半沉偏沉，虛而不正也」「偏者，偏無著落也，所以為病。偏無著落，必失方圓」。

十三勢歌

十三總勢莫輕視，命意源頭在腰隙。
變轉虛實湏留意，氣遍身軀不少滯。
靜中觸動動猶靜，因敵變化示神奇。
勢勢揆心湏用意，得來不覺費工夫。
刻刻留心在腰間，腹內鬆淨氣騰然。
尾閭中正神貫頂，滿身輕利頂頭懸。
仔細留心向推求，屈伸開合聽自由。
入門引路湏口授，工夫無息法自休。
若言體用何為準？意氣君來骨肉臣。
想推用意終何在，益壽延年不老春。

歌兮歌兮百卌字，字字真切義無遺。若不向此推求去，枉費工夫貽歎息。

十三勢歌之意，前已講明，故不復注解。

十三勢行功心解

以心行氣，務令沈著，乃能收斂入骨。以氣運身，務令順遂，乃能便利從心。

以心行氣者，所謂意到氣亦到。意要沈著，則氣可收斂入骨，並非格外運氣也。氣收斂入骨，工夫既久，則骨日沈重，內勁長矣。

以氣運身者，所謂氣動身亦動。氣要順遂，則身能便利從心，故變動往來。無不從心所欲，毫無阻滯之處矣。

精神能提得起，則無遲重之虞，所謂頂頭懸也。

有虛靈頂勁，則精神自然提得起。精神提起，則身體自然輕靈。觀此，可知捨精神而用拙力者，身體必為力所驅使，不能轉動如意矣。

意氣須換得靈，乃有圓活之妙，所謂變轉虛實也。

與敵相黏，須隨機換意，仍不外虛實分得清楚，則自然有圓活之妙。

發動須沈著鬆淨，專主一方。

發勁之時，必須全身鬆淨，不鬆淨，則不能沈著。沈著鬆淨，自然能放得遠。專主一方者，隨彼動之方向而直去也，隨敵之勢。如欲打高，眼神上望，如欲打低，眼神下望，如欲打遠，眼神遠望，神至則氣到，全不在用力也。

立身須中正安舒，撐支八面。

頂頭懸，則自然中正。鬆淨，則自然安舒。穩如泰山，則自然能撐支八面。

行氣如九曲珠①，無微不到。

九曲珠，言其圓活也，四肢百體，無處不有圓珠，無處不是太極圈子，故力未有不能化也。

運勁如百煉鋼②，何堅不摧。

太極雖不用力，而其增長內勁，可無窮盡。其勁如百煉之鋼，無堅不摧。

形如搏兔之鵠，神如捕鼠之貓。

搏兔之鵠，盤旋不定。捕鼠之貓，待機而動。

靜如山岳，動若江河。

靜如山岳，言其沉重不浮。動若江河，言其周流不息。

蓄勁如張弓，發勁如放箭。

蓄勁如張弓，以言其滿。發勁如放箭，以言其速。

曲中求直，蓄而後發。

曲是化人之勁，勁已化去，必向彼身求一直線，勁可發矣。

力由脊發，步隨身換。

含胸拔背，以蓄其勢。發勁之時，力由背脊而出，非徒兩手之勁也。身動步隨，轉換無定。

收即是放，放即是收，斷而復連。

黏、化、打雖是三意，而不能分開。收即黏化，放是打，放人之時，勁似稍斷，而意仍不斷。

往復須有摺疊，進退須有轉換。

摺疊者，亦變虛實也，其所變之虛實，最為微細。太極截勁，往往用摺疊。外面看似未動，而其內已有摺疊。進退必變換步法，雖退仍是進也。

極柔軟，然後極堅剛。能呼吸，然後能靈活③。

老子曰：「天下之至柔，馳騁天下之至堅。」其至柔者，乃至剛也。吸為提，為收。呼為沈，為放。此呼吸，乃先天之呼吸，與後天之呼吸相反。故能提得人起，放得人出。

氣以直養而無害④。勁以曲蓄而有餘。

孟子曰：「吾善養吾浩然之氣」「至大至剛，以直養而無害，則塞乎天地之間」。太極拳蓋養先天之氣，非運後天之氣也。運氣之功，流弊甚大。養氣則順乎自然，日習之、養之而不覺，數十年後，積虛成實，至大至剛。至用之時，則曲蓄其勁，以待發。既發，則沛然莫之能禦也。

心為令，氣為旗，腰為纛⑤。

心為主帥以發令，氣則為表示其令之旗。以腰為纛，則旗中正不偏，無致敗之道也。

先求開展，後求緊湊，乃可臻於縝密矣。

無論練架子及推手，皆須先求開展。開展，則腰腿皆動，無微不到。至功夫純熟，再求緊湊，由大圈而歸於小圈，由小圈而歸於無圈。所謂「放之則彌六合，捲之則退藏於密」⑥也。

又曰：先在心，後在身。腹鬆淨，氣斂入骨，神舒體靜，刻刻在心。

太極以心意為本，身體為末。所謂「意氣君來骨肉臣」也。腹鬆淨，不存絲毫後天之拙力，則氣自斂入骨。

氣斂入骨，其剛可知。神要安舒，體要靜逸。能安舒靜逸，則應變整暇⑦，決不慌亂。

切記一動無有不動，一靜無有不靜。

內外相合，上下相連⑧，故能如此。

牽動往來，氣貼背，斂入脊骨。內固精神，外示安逸。

此言與人比手之時，牽動往來，須涵胸拔背，使氣貼之於背，斂於脊骨，以待機會。機至則發。

能氣貼於背，斂於脊骨，則能力由脊發。不然，仍手足之勁耳。神固體逸，則不散亂。

邁步如貓行，運勁如抽絲。

此乃形容綿綿不斷，待機而發之意。

全身意在精神，不在氣。在氣則滯，有氣者無力，無氣者純剛⑨。

太極純以神行，不尚氣力，此氣言後天之氣力也。蓋養氣之氣，為先天之氣，運氣之氣，為後天之氣。後天之氣有盡，先天之氣無窮。

氣如車輪，腰似車軸。

「氣為旗，腰為纛」，此言其靜也。「氣如車輪，腰似車軸」，此言其動也。腰為一身之樞紐，腰動則先天之氣，如車輪之旋轉，所謂「氣遍身軀不少滯」也。

【注釋】

①九曲珠：珠孔曲折難通的寶珠。典出孔子適陳，令穿九曲明珠，孔子依桑女言，用蜜塗珠，絲將繫蟻，用煙熏蟻，乃得以穿之。陸游《遊淳化寺》詩有云：「蟻穿珠九曲，蜂釀蜜千房。」

二水按：九曲珠一喻，前塗蜜以誘，後煙熏以逼，一則主動，一則被動，形象地闡述了「動牽往來氣貼背」之理。吸氣時，肩胯雷根往內抽勁，胸腹緊貼腰背，如一半竹片，一半牛皮製成的「橐籥」；呼氣時，自然復原。動牽往來，神息氣運，如是方能無微不到，氣遍身軀不稍癡也。

②百煉鋼：劉琨《重贈盧諶》詩云：「何意百煉剛，化為繞指柔」，以喻太極拳之柔，是百煉鋼成繞指柔。而非只是臆想鬆柔所能得之。《楊氏太極拳老拳譜三十二目》太極下乘武事解云：「太極之武事，外操柔軟，內含堅剛，而求柔軟。柔軟之於外，久而久之，自得內之堅剛。非有心之堅剛，實有心之柔軟也。所難者，內要含蓄，堅剛而不施，外終柔軟而迎敵，以柔軟而應堅剛，使堅剛盡化無有矣。」

③能呼吸，然後能靈活：武禹襄《打手要言》作：「能粘依，然後能靈活。」

二水按：將「能粘依，然後能靈活」改作「能呼吸，然後能靈活」，是楊家拳學者對太極拳理論界的一份創造性的貢獻。市井的太極拳界對於呼吸的理解，或往往只是側重口鼻之間的吐納，或動輒濫觴於仙道之流的胎息龜功，而於拳技本身了無補益。楊家拳學者於呼吸與靈活之間的關聯性，其實與李亦畬五字訣中「呼吸通靈，周身罔間……蓋吸，則自然提得起，亦拿得人起；呼，則自然沉得下，亦放得人出」有異曲同工之妙。家師慰蒼先生曾云：「將『能粘依，然後能靈活』改作『能呼吸，然後能靈活』」，表明了修改者對於太極拳實際功夫的體驗，比原作者更加深入了一層。因為，即使在一般推手時，僅僅只在外形肢體上能夠跟隨得上對方，還是不夠的，必須在外形肢體上能夠跟隨得上的同時，還要在內在呼吸上也能夠跟得上對方的呼吸，那才真正是全面的所謂『完整一氣』，才眞正是裡裡外外的所謂『合住對方』，然後才能既輕鬆而又乾脆地把對方發放出去，更何況，進一步要把它運用到太極散手和太極器械方面去了。」二水將太極拳理解為「一門調控身心的藝術」，粘依之間，一敷一蓋、一對一吞，透過吸提呼放，掌控自身的拍位，合住對手的節拍，進而去影響或改變對手的節拍，俞虛江《劍經》總訣「知拍任君鬥」，講的就是這層道理。

④氣以直養而無害：武禹襄主張「養氣」而不「尚氣」。他的「養氣」，源自《孟子》的浩然之氣：「其為氣也，至大至剛，以直養而無害，則塞於天地之間」。這衝塞於天地間的「浩然之氣」，「心勿忘，勿助長」，非刻意求得，否則就是「揠苗助長」。

⑤心為令，氣為旗，腰為纛：纛，軍中大旗。《楊氏太極拳老拳譜三十二目》太極平準腰頂解，以「車輪兩，命門一，纛搖又轉，心令氣旗，使自然，隨我便」來解釋「心為令，氣為旗，腰為纛」。心，一旦發號施令，須先由腰這根大纛，又搖又轉，來向肢體百骸傳導指令，方能使人體這輛太極之車，「立如平準，活如車輪」。

⑥放之則彌六合，卷之則退藏於密：語出《中庸》。意思是說，太極拳的習練過程，初學時，無論推手摸勁或行拳走架，先務求開展，從節節對拉拔長，節節貫穿入手，越來越嚴謹縝密，漸由大圈而歸於小圈，由小圈而歸於大圈。就像儒學中庸之道一樣，不偏之

謂中，不易之謂庸。中者，天下之正道，庸者，天下之定理。太極拳只要信守此「中」，至大無外，至小無內，意氣一旦舒展開來，就可以彌漫天地周遭四方，意氣一旦收斂入骨，就可以退藏於隱密的骨髓之內。《楊氏太極拳老拳譜三十二目．太極文武解》云：「文武尤有火候之謂。在放捲得其時中，體育之本也。文武使於對待之際，在蓄發適當其可者，武事之根也」，「放捲得其時中」之「放捲」，即「放之則彌六合，捲之則退藏於密」之縮語。

⑦整暇：意氣凝聚而又從容不迫。語出《左傳．成公十六年》：「日臣之使於楚也，子重問晉國之勇，臣對曰：「好以衆整。」曰：「又何如？」臣對曰：「好以暇。」」

⑧內外相合，上下相連：太極拳在「先求開展」的過程中，節節粉碎，節節貫穿，節節對拉拔長後，身形意氣，便能上下相隨，左右相連，內外相合，之後方能周身一家，完整一氣。能如是，方能神舒體靜，應變整暇，進退裕如，隨感而應。

⑨有氣者無力，無氣者純剛：武禹襄《打手要言》中，第一則的「又曰」中有「有氣者無力，無氣者純剛」句，而「解曰」中，已將此改定為「尚氣者無力，養氣者純剛」。

二水按：武禹襄兩節「又曰」，從文字內容看來，像是武禹襄解讀王宗岳太極拳論的未定稿，而「解曰」則是最終的定稿。「有氣」「無氣」在字義上容易誤解，作為拳學理論而言，不夠嚴密。尚氣與養氣，作為對待「氣」的兩種截然不同的態度，其立論符合孟子的「吾善養吾浩然之氣」的理論，又與「解曰」中「氣以直養而無害」相呼應。將「尚氣」作「有氣」，將「養氣」作「無氣」，抑或抄寫時的筆誤。行書文本中，「尚」與「有」字形相近，繁體「養」與「無」，亦易誤。

打手歌

按：打手，即推手也。

掤攌擠按須認眞，上下相隨人難進。任他巨力來打我，牽動四兩撥千斤。引進落空合即出，粘連綿隨不丟頂。

認真者，掤攌擠按四字，皆須按照師傅規矩，絲毫不錯，日日打手。功久自然能上下相隨，一動無有不動。雖巨力來打，稍稍牽動，則我之四兩，可撥彼之千斤。彼力既巨，必長而直，當其用力之時，不能變動方向，我隨彼之方向而引進，則彼落空矣。然必須粘連綿隨，不丟不頂，方能引進落空，四兩撥千斤也。

又曰：彼不動，己不動。彼微動，己先動。似鬆非鬆，將展未展，勁斷意不斷。

打手之時，彼不動，則我亦不動，以靜待之。彼若微動，其動必有一方向，我意在彼之先，隨其方向而先動，則彼必跌出矣。似鬆非鬆，將展未展，皆言聽彼之勁，蓄勢待機，機到則放。放時，勁似斷而意仍不斷也。

以上相傳，為王宗岳先生所著，太極拳之精微奧妙，已包蘊無餘。就管見所及①，略加注解。然仁者見仁，智者見智。功夫愈深者，讀之愈得其精妙。深願繼起者，發揮而光大之焉。

【注釋】

①管見所及：典出《漢書·東方朔傳》：「以筦窺天，以蠡測海。」筦，管也。用竹管來看天之大，用瓠瓢來測量大海之深。比喻識見窄淺、局限。多用作「淺薄見解」的自謙之詞。

太極合老說

【注釋】微明先生以為，太極拳的拳技原理，契合老子《道德經》的精髓。所以，他將老子《道德經》中與太極拳拳技原理相吻合的經典論說，逐一摘錄，並以太極拳的講論予以微顯闡幽，名之為《太極合老說》。二水參合自身的拳學體悟，略作詮釋，讀者諒不以續貂為唐突也。

老子曰：「常無欲，以觀其妙；常有欲，以觀其徼。」與之黏隨，觀其化之妙，忽然機發，是謂「觀其徼」。

【注釋】此節意為如同老子《道德經》第一章所說的，人類對於自然之道的認識，須在「無欲」「有欲」之中，去感悟自然大道奧妙與端倪。推手時，與人接手黏隨，須懷一顆清淨之心，「拳無拳，意無意，無意之中是眞意」，用自己與對手接觸的肌膚，去感覺對手的勁力變化，在有意無意之中，斂神聽細雨，去感知對手勁力將發未發之端倪。

老子曰：「有無相生」「前後相隨」。是謂「左重則左虛，右重則右杳，進之則愈長，退之則愈促」。

【注釋】此節意為就像老子《道德經》第二章所說的，人們知道「美」之所以是美的，那是因為有「醜」的存在，才讓人相比而覺得「美」之為美。兩人接手後，相互共同構建了一個平衡體，瞭解並掌控這一平衡體，就要明白自然之道，「有」與「無」是可以互相轉化，「前」和「後」也是如影隨形的這一原理，當我感覺對方施於我左側的力重，我左側就像天平託盤一樣，要虛沉下去；對手施於我右側的力重了，我右側也要虛沉下去，讓對方感覺我的右側渺茫無蹤，不可捉摸。對方向我進攻時，我胸腹掏空，讓他感覺如臨深淵，愈長而愈觸碰不到盡頭，對方想後撤退步時，我已整體平送身軀，像是一堵城牆裝上了車輪，排山倒海向他逼去，讓他感覺愈退而愈跼促，乃至被跌出。

老子曰：「天地之間，其猶橐籥乎？虛而不屈，動而愈出。」故太極，無法，動即是法。

【注釋】此節意為老子《道德經》第五章所說，天地之間，就像是一個一半由竹片木板、一半由牛皮羊皮製成的大風箱，因為天空是空虛的，就像牛羊皮可以因風雲而鼓動，而大地是不屈不變形的，所以越鼓動，風就越多，生生不息。人身修煉的法則，其實就是這樣，《性命圭旨》的「火候崇正圖」注：「真橐籥真鼎爐無中有有中無火候足莫傷丹天地靈造化慳」；丘處機云：「真火者，我之神也。而與天地之神，虛空之神，同其神也。真候者，我之息也。而與天地之息，虛空之息，同其息也。」太極拳主張，在吸氣時腰背拔伸而不變形，就像橐籥中竹片木板，而胸腹內陷；呼氣時復原，就像橐籥中的牛羊皮。一吸一呼，人生的小天地，就與天地的大天地，同構了。這便是天人合一之理。人透過調息，鍛鍊「與神往來」的魂，與「並精出入」的魄，與天地、與虛空同神同息。

徐哲東先生《太極拳發微》曰：「伏氣之法，樞鍵在腰。何以言之？以腰肌之弛張，可使膈膜為升降。腰肌張，則膈膜降而為吸；腰肌弛，則膈膜升而為呼。將欲息之出入深細，在膈膜之升降與肺之弛張相應……此和順形氣之法也。惟胸肌與腰肌弛張能相調適，則胸腹之間，一闔一閉，自爾和順……及夫浸習浸和，息之出入，浸斂浸微，遂若外忘其形，而一於氣，內忘其氣，而合於志。志者，意之致一者也。及其和順之至，志亦如忘，但覺融融泄泄，若將飄搖輕舉然，夫是之謂能化。」

老子曰：「綿綿若存，用之不勤」。「綿綿若存」者，內固精神。「用之不勤」者，外示安逸。

【注釋】 此節意為老子《道德經》第六章所說，自然之道，就像母體的繁殖能力一樣，其造化天地，生育萬物的能力生生不息。表面上看起來，若有若無，而又綿綿不絕，其功效則是無窮無盡，無處不在的。

就像太極拳一樣，人體「命門三焦」這一能量樞紐，只有透過「含胸拔背」「收腹斂臀」，才能將命門處，原本凹陷的位置凸顯出來。透過呼吸的配合，人在吸氣時，「拔背」與「斂臀」，旨在將大椎上下對拉，節節拔長。與此同時，通過「含胸」與「收腹」，隨著吸氣肌（膈肌與肋間外肌）收縮，胸膈隆起的中心下移，從而增大胸腔的上下徑，使得胸腔和肺容積增大。而呼氣時，只是由膈肌和肋間外肌舒張的結果，肺依靠本身的回縮力量，而得以回位，並牽引胸廓縮小，恢復吸氣開始的位置。一吸一呼，一捲一放，一蓄一發，一合一開，一入一出，隨著命門所處位置的上下向、左右向的一張一弛，完成了對於「心火」「腎水」的一降一伏。這才是《手戰之道》所說的「內固精神」。作為內家拳，胸腹內動，就像汽車的發動機。而節節貫穿、完整一氣，則構建了「立如平準，活如車輪」太極之車。拳勢在進退顧盼之中，前後的肩胯構成兩「軸」，就像圓規兩腳一樣，可以相互變換虛實。虛軸在實軸「研」動下，構成了氣如車輪的「圜」。研圜相生，「車輪兩，命門一，纛搖又轉，心令氣旗，使自然，隨我便」，這才是手戰之道所說的「外示安逸」。

老子曰：「後其身而身先，外其身而身存。」「後其身而身先」者，「彼不動己不動，彼微動己先動」也。「外其身而身存」者，由己則滯，從人則活也。

【注釋】此節意為老子《道德經》第七章所說，天地之所以能天長地久，那是因為天地不是為了自己的生存而在運行的。聖人效法天地大道，常懷謙讓無爭之心，反而能在衆人之中領先，將自己置身度外，反而能保全自身生存。太極拳就是效法聖人的行為法則，「後其身而身先」意思是，與人接手，不能擅做主張，彼不動，己不動，彼微動，己則占盡先機，後期發而先至了。「外其身而身存」的意思是，就像李亦畬《五字訣》「心靜」所說：「一舉手，前後左右全無定向，故要心靜。起初舉動，未能由己，要息心體認，隨人所動，隨屈就伸，不丟不頂，勿自伸縮。彼有力，我亦有力，我力在先。彼無力，我亦無力，我意仍在先。要刻刻留心，挨何處，心要用在何處，須向不丟不頂中討消息。從此做去，一年半載，便能施於身。此全是用意，不是用勁，久之，則人為我制，我不為人制矣。」

老子曰：「上善若水，居善地，心善淵，事善能，動善時。夫惟不爭，故無尤。」「居善地」者，得機得勢；「心善淵」者，斂氣斂神；「事善能」者，隨轉隨接；「動善時」者，不後不先。太極之無敵，惟不爭耳。

【注釋】此節意為老子《道德經》第八章認為，天地之間，水，最符合自然之道的特徵。所以，聖人的品性，也應該像水一樣。太極拳的要領也一樣，所謂「居善地」，說的是與人接手，善於在空間與時間上占得先機，得機得勢；所謂「心善淵」，誠如李亦畬所說，得心靜，斂氣斂神，息心體認，「挨何處，心要用在何處，須向不丟不頂中討消息」；所謂「事善能」，隨轉隨接，在動態之中，掌握平衡；所謂「動善時」，不後不先，在對手「舊力略盡，新力未生」時，掌控兩人平衡體的拍位。太極之所以能無敵，在於不作無謂之爭，順人之勢，借人之力而已。

老子曰：「抱一，能無離乎？專氣致柔，能嬰兒乎？」是謂極柔而至剛，萬法而歸一。

【注釋】此節意為老子《道德經》第十章所說，聖人效法自然之道，能將精神魂魄形體一統於大道的運行規律中，結聚精氣，形體應之而柔順，像嬰兒一樣，少私而寡慾。太極拳也一樣，萬法歸宗，極柔而至剛，百煉鋼而成繞指柔。

老子曰：「曲則全，枉則直」。是謂曲中求直，蓄而後發。

【注釋】老子《道德經》第二十二章所說，自然之道，往往出乎常人的認知，球體的周全，其實是由曲線、曲面構成的，球體或曲面上，最直接、最快捷的路徑，往往不是兩點之間的直線，而是曲面上，貌似走了冤枉路的「測地線」。太極拳勁力的方向，雖然是直接瞄準對手中軸的，方向一定是直線，但最終勁路的軌跡，則往往是曲的。「勁以曲蓄而有餘」，只有「蓄勁如張弓」，才能「發勁如放箭」。

老子曰：「將欲歙之，必固張之；將欲弱之，必固強之；將欲奪之，必固與之。是謂微明。」太極黏連綿隨，不與之抗。彼張我歛，彼強我弱，彼奪我與，然後能張，能強，能奪。

【注釋】老子《道德經》三十六章，從世事萬物「歛」與「張」、「弱」與「強」、「廢」與「興」、「取」與「與」等，兩種極端態勢的相互轉化，來揭示陰陽生息的規律，這便是「起事於無形，而要大功於天下」道微而效明的「微明」，進而闡述了老子一貫以來柔弱勝剛強的理念。微明先生於此章旨意深相契合，於是以「微明」自號，而行於世，他以為太極拳與人接手，黏連綿隨，是一個兩人相互所構成的平衡體，就像「洛書」裡的正隅之合數，覺知對手三分勁力，我以八對之，則頂，以六對之，則丟，我以七待之，則可。覺知對手七分勁力，我以四待之，則抗，以二待之，則匾，以三待之，不丟不頂。所以他張開了，我就歛合，他勁力力強，我就以弱化之，他想爭奪先機優勢，我則儘可能多地給他，直到他不敢要，要不動。然後，我就能無為而為，能張，能強，能奪，隨感斯應。

老子曰：「反者道之動」。故有上必有下，有前必有後，有左必有右。

【注釋】老子《道德經》第四十章認為，自然之道運動變化法則，其實是循環往復、周而復始的，就像是太極拳，從鄉村野郊，呈一拳一腳之能的武術形式，上升到了一門營魄抱一、返本歸元的性命學問。拳勢之中，行拳走架，循環往復，勢勢相承，「有上必有下，有前必有後，有左必有右」，也不再是簡單的肢體運動，而是體察身體與周遭空間之間的一氣之流行。兩人推手，各自流行之氣，相互摩蕩，其實就是在觀照人體（我）與周遭空間（物）所構建的一個陰陽球，以期物我之間的和諧平衡。

老子曰：「天下之至柔，馳騁天下之至堅，無有入於無間」；又曰：「不爭而善勝，不召而自來」，是謂「引進落空」，「四兩撥千斤」也。

【注釋】老子《道德經》第四十章認為，天下最為柔和的，就像是水，往往能夠駕馭天下最為堅剛的城牆。那是因為，水能無孔不入，浸潤於無形，潤物於無聲。《道德經》第七十三章又說，自然之道在於，不爭而勝，不戰而屈敵，不召而自來。這些道理，就是太極拳藝中「引進落空」「四兩撥千斤」的道理。

校正表

第一三〇頁第五行：「將足跟轉動，使足尖向南」④。

第一三六頁第十三行：「左足跟轉動，使足尖向東北」②。

第一三七頁第四、五行：「又變右摟膝拗步、手揮琵琶式」③，第十、十一行：「右腿同時提起，前進一步」⑤。

第一五一頁第四行：「右手同時隨腰平轉一小圓規，即由腰間向下打出」②。

第一五三頁第九行：「兩手仍握拳隨腰右轉」⑥，第十二行：「右足同時提起，邁步，隨腰轉向東南」⑦。

第一六〇頁第三、四行：「此式全身坐在左腿」⑤下，加「面向西南隅」

一句。

第一六〇頁第四行：「足跟轉向西北」⑥下，加「使足尖漸轉向正東」一句，第八行：「全身坐在右腿」⑦下，加「面向東南隅」一句，第十一行：「捧出按出」⑧下，加「面向東北隅」一句，第十三行：「按出」⑩下，加「面向西北隅」一句。

第一六六頁第二行：「落下坐實，足尖向西北，右手下鬆，隨腰、隨右腿轉一圓規，轉至腰隙握拳，左手摟膝，左足前進，右拳向前、向下打出」④。

第一六六頁第九行：「兩手隨腰往前，握拳相交」⑤。

定價大洋二元

著者 陳微明

發行者 致柔拳社

印刷者 中華書局

代售處 大馬路華德鐘表行
棋盤街啟新書局
及各大書坊

彩色圖解太極武術

定價220元

定價220元

定價220元

定價220元

定價350元

定價350元

定價350元

定價350元

定價350元

定價350元

定價350元

定價350元

定價350元

定價220元

定價220元

定價220元

定價350元

定價220元

定價350元

定價350元

定價220元

定價220元

定價220元

太極武術教學光碟

太極功夫扇
五十二式太極扇
演示：李德印 等
(2VCD)中國

夕陽美太極功夫扇
五十六式太極扇
演示：李德印 等
(2VCD)中國

陳氏太極拳及其技擊法
演示：馬虹(10VCD)中國
陳氏太極拳勁道釋秘
拆拳講勁
演示：馬虹(8DVD)中國
推手技巧及功力訓練
演示：馬虹(4VCD)中國

陳氏太極拳新架一路
演示：陳正雷(1DVD)中國
陳氏太極拳新架二路
演示：陳正雷(1DVD)中國
陳氏太極拳老架一路
演示：陳正雷(1DVD)中國
陳氏太極拳老架二路
演示：陳正雷(1DVD)中國
陳氏太極推手
演示：陳正雷(1DVD)中國
陳氏太極單刀・雙刀
演示：陳正雷(1DVD)中國

郭林新氣功
(8DVD)中國

本公司還有其他武術光碟
歡迎來電詢問或至網站查詢
電話：02-28236031
網址：www.dah-jaan.com.tw

原版教學光碟

歡迎至本公司購買書籍

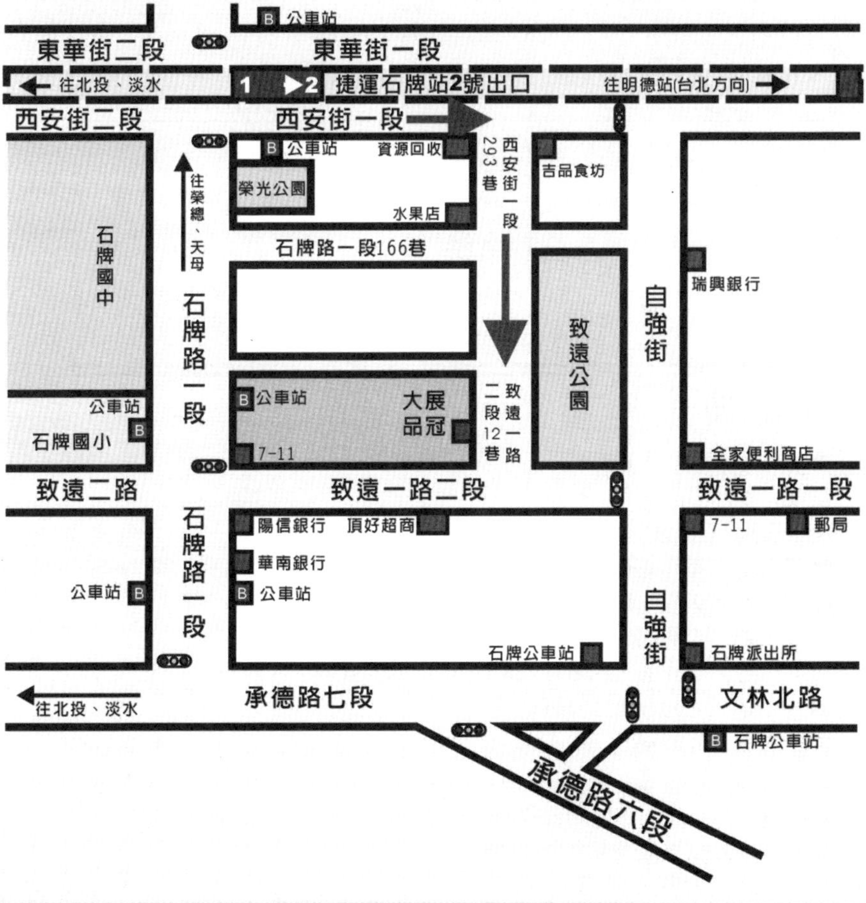

建議路線

1.搭乘捷運·公車

淡水線石牌站下車，由石牌捷運站２號出口出站(出站後靠右邊)，沿著捷運高架往台北方向走(往明德站方向)，其街名為西安街，約走100公尺(勿超過紅綠燈)，由西安街一段293巷進來(巷口有一公車站牌，站名為自強街口)，本公司位於致遠公園對面。搭公車者請於石牌站(石牌派出所)下車，走進自強街，遇致遠路口左轉，右手邊第一條巷子即為本社位置。

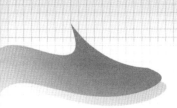

2.自行開車或騎車

由承德路接石牌路，看到陽信銀行右轉，此條即為致遠一路二段，在遇到自強街(紅綠燈)前的巷子(致遠公園)左轉，即可看到本公司招牌。

國家圖書館出版品預行編目資料

陳微明太極拳術 ／ 陳微明 著 二水居士 校注
——初版，——臺北市，大展，2017〔民106.07〕
面；21公分 ——（武學名家典籍校注；3）
ISBN 978－986－346－169－2（平裝）

1. 太極拳

528.972 106007315

陳微明太極拳術

著　　者／陳微明
校 注 者／二水居士
責任編輯／王躍平
發 行 人／蔡森明
出 版 者／大展出版社有限公司
社　　址／台北市北投區（石牌）致遠一路2段12巷1號
電　　話／（02）28236031・28236033・28233123
傳　　真／（02）28272069
郵政劃撥／01669551
網　　址／www.dah-jaan.com.tw
E-mail／service@dah-jaan.com.tw
登 記 證／局版臺業字第2171號
承 印 者／傳興印刷有限公司
裝　　訂／眾友企業公司
排 版 者／弘益電腦排版有限公司
授 權 者／北京科學技術出版社
初版1刷／2017年（民106）7月

定 價／380元

大展好書　好書大展
品嘗好書　冠群可期

大展好書　好書大展
品嘗好書　冠群可期